The Bi　Business

一人ひとりを大切にする学校

生徒・教師・保護者・地域がつくる学びの場

著
デニス・リトキー

訳
杉本智昭
谷田美尾
吉田新一郎

築地書館

THE BIG PICTURE
Education Is Everyone's Business
by Dennis Littky, Samantha Grabelle

Japanese translation rights arranged with
ASCD (Association for Supervision and Curriculum Development)
through Japan UNI Agency, Inc., Tokyo
Japanese translation by Tomoaki Sugimoto, Mio Tanida, Shinitiro Yoshida
Published in Japan by Tsukiji-Shokan Publishing co.,Ltd.Tokyo

訳者まえがき

あなたはどんな教師になりたいですか？

先日、このような質問に答える機会がありました。「子どもの力を信じる教師」「授業の中身が記憶に残る教師」「生徒の心に火をつける教師」などと答える人がいる中で、私の答えは「一人ひとりを大切にする教師」でした。

私たちは、生徒一人ひとりを大切にできているでしょうか？　生徒には無限の可能性があると伝えつつも、いまだにテストで生徒を順位付けし、生徒のやる気を奪っていないでしょうか？　生徒の個性を大切にすると言いつつも、存在するはずのない標準的な生徒を想定して教え、生徒のやる気を奪っていないでしょうか？　生徒一人ひとりの資質や能力は違う。私たちはそんな当たり前のことに知らないふりをしていないでしょうか？　一人ひとりの生徒の声に耳を傾け、生徒一人ひとりがいきいきと過ごせる学校をつくりたい。生徒一人ひとりの個性を認めることで、その天賦の才を伸ばしたい。そんな思いは年を追うごとに、ますます強くなるばかりです。

「一人ひとりを大切にする（one student at a time）」というフレーズが頻繁に出てくることからわかるよ

うに、本書はまさに、著者であるデニス・リトキーがプロビデンス都市圏キャリア・テクニカル・センター（the Metropolitan Regional Career and Technical Center、以下ＭＥＴ）で行っている、一人ひとりを大切にする教育の実践が書かれた本です。ＭＥＴはデニス・リトキーが友人のエリオット・ウォッシャーとつくった、アメリカ北東部のロードアイランド州にある小規模な公立高校のことですが、今では六つの公立高校のネットワークとなっており、全米および世界にある一〇〇校もの学校のモデルとなったビッグ・ピクチャー・ラーニングの基幹校でもあります。

ＭＥＴの特徴を挙げるとすれば、生徒の一人ひとりの興味・関心をもとに個別化されたカリキュラムがつくられていること（だから、学校の規模は小さい必要があります！）、保護者も子どもの教育に関わること（生徒のことを一番よく知っているのは、他でもない保護者です！）、生徒は「リアル」な社会に出て、学びを深めていくこと（学んだ知識やスキルを実際に使うことで、生徒はよりよく学びます！）などがあります。ＭＥＴを一言で表すなら、「学校」という箱から出て、原書のサブタイトル（Education Is Everyone's Business）にあるように「すべての人が関わって生徒を育てていく」大きな枠組みをもった、小さな学校と言えます。

「学ぶ」ということに関して、本書の中でウォッシャーは「多くの学校は知識が力だと思っている。私たちは、知識を活用できることが力だと思っている」と述べています。リトキーも「生徒に知識を提示して、彼らが事実をしっかり覚えて、答えを当てることができるかをチェックすることよりも、生徒が知識を活用することを学ぶのを手助けすることの方がずっと重要」だとし、ほとんどの学校では「知識を与え、それを覚えているかどうかをテストしているだけ」だと指摘しています。本書は今から約二〇年前に出版されたものですが、今でも同じことが多くの学校で行われているのではないでしょうか？

　本書の素晴らしい点は、教育における問題点を指摘するだけではなく、その問題点を改善するための方法が明確に示されている点です。例えば、生徒の学びを評価するためのテストに代わる方法の一つとして、生徒が学んだことを公の場で発表する「エキシビション」、（ＭＥＴのような小さな学校でもさらに）一人ひとりの生徒と教師のつながりをつくり、大切にするための「アドバイザリー制度」、知識やスキルを活用する機会として、「リアル」な社会に出て学びを深める「インターンシップ」などが紹介されています。これらの実践からも、リトキーが一人ひとりの生徒をいかに大切にしているかをうかがい知ることができます。これらの実践は本文の中で詳しく紹介されていますが、すべてではなくとも、どれか一つだけでもできることから取り組み始めることで、今の日本の学校を変えるきっかけになると思います。

　あなたはどんな教師になりたいですか？

「探究し続ける教師」「変化を恐れず学び続ける教師」「失敗を恐れず挑戦する教師」と答えた方もいました。これらの答えには、日本の教育が抱えるさまざまな課題に対する教師の強い思いが込められていると思います。一人でも多くの方に本書をお読みいただき、情熱をもって学び続け、変化や失敗を恐れず、大きな枠組みの中でのよりよい教育に挑戦しようと思っていただければ幸いです。


　最後に、粗訳の段階で目を通し、フィードバックをしてくれた叶松忍さん、本間莉恵さん、宮城保さん、山﨑友亮さん、吉川岳彦さん、渡辺真弓さん、本書の企画を快く受け入れてくれ、最善の形で日本の読者に読んでもらえるようにしてくださった土井二郎さん、黒田智美さんをはじめ、築地書館の関係者の皆さんに心からお礼を申し上げます。日本の教育がより一層生徒一人ひとりを大切にするものになることを願って。

二〇二二年四月吉日　訳者一同

もくじ

用語の解説

アドバイザリー

アドバイザリー制度とは、異なる学年の生徒一五人前後と大人のアドバイザー（教師だけでなく、校長をはじめとする管理職や、場合によっては教師以外の職員）からなる「アドバイザリー」と呼ばれるグループを編成することです。日本の学級（ホームルーム）に代わるものです。本書以外では、訳者の吉田の著書である『シンプルな方法で学校は変わる――自分たちに合ったやり方を見つけて学校に変化を起こそう』（みくに出版）の第6章を参照。

アメリカの学年制度

アメリカの高校は、九～一二年生の四年間と決まっています。中学校は七～八年生の二年間だけだったり、六～八年生の三年間だったり、小中一貫だったりと教育委員会によってさまざまです。

インターンシップ

生徒が自分が興味のあることをもとに、「リアル」な社会での「リアル」な体験を通じて、従来のカリキュラムの教科内容までを学ぶアプローチのことです（日本でよくイメージされる単なる職場体験とは異なります）。インターンシップにより、生徒は学校の枠から出て、自分が興味をもっている分野の専門家やあらゆる学びの資源とつながることができるだけでなく、「リアル」な体験を通じて「リアル」な結果を得ることができるアプローチです。

エキシビション

エキシビションとは生徒が学んだことを公に発表する機会のことです。METではエキシビションが主な評価方法です。生徒は自分の学び、進歩、変化について学期ごとにエキシビションを行います。そして質問に答えたり、審査員からのフィードバックをもらったりします。審査員には、クラスメイト、教職員、地域から招かれた人たちに加えて、生徒の家族、担任（アドバイザリーの担当者）、METのもう一つの柱であるインターンシップのメンターも含まれています。エキシビションについての詳しい情報は、第8章にあります。

ナラティブ

生徒の進歩や状況について、記号や数字で表される成績ではなく、詳細な記述で説明したもののことです。METでは成績通知表の代わりにナラティブが渡されます。評価のための評価ではなく、生徒一人ひとりの個別化された目標や学習過程に基づいているものなので生徒にとっても保護者にとっても、実際に役立つ

「リアル」なフィードバックです。

メンター

メンターは、インターンシップにおいて、自分の職業を通して実際に生徒に関わる大人のことです。教師と密に協力し合い、生徒が知識やスキルを常に使いこなせるように、実地でのプロジェクトや体験を開発・提供するだけでなく、生徒一人ひとりの成長をサポートする重要なメンバーです。メンターの役割は、自分の仕事について教えるだけでなく、生徒と本物の信頼関係を築くことによって、仕事に対する倫理観を教え、大人になるとはどういうことかをロールモデルとなって示すことです。

訳註について

訳注は、二つの形式があります。内容を理解しやすくするため、短いものは本文内に（　）で加えています。長いものは、本文中に小さな番号を振って、各章末に詳述しています。インターネットで参照できる情報に関しては、ＵＲＬと一部二次元バーコードも記載しました。

METの卒業生、マレオンのエッセイ

「何の期待もせずに高校に入学しました」

　私は中学校では問題を起こす生徒として知られていて、よく校長室に呼び出されていました。高校へ進学することなんて考えられませんでした。やる気も自信もありませんでした。そんなとき、ある友人が新聞に掲載されていた新しい高校のことを教えてくれました。私は優等生には程遠く、退学寸前でしたが、思い切って、ＭＥＴに願書を送りました。なぜそんなことをしたのか、その理由は自分でもわかりませんでした。今から考えると、自分のためにしたのだろうと思います。自分でしなければ、他に誰がするのかと思ったに違いありません。それは分別のある決断であり、正しい決断でした。

　ＭＥＴに入学した日から、私は変わり続けています。これが中学校のときとの一番の違いです。一例を挙げると、私は気にかけてもらうようになりました。私が通っていた一般的な公立学校では、私のことを気にする人なんていませんでした。何年もの間、私は授業で発言することはありませんでした。というのも、教師に冷たくあしらわれるのではないかと恐れていたからです。私は問題を抱えた生徒と見られていて、相手にされないことに慣れてしまっていました。

　おそらくそのせいで、ＭＥＴでの最初の数週間は、他の生徒たちと何度も衝突しました。私の人生には試

練がつきものでした。本当の自分がわからずに、混乱することが何度もありました。私は「タフな女の子」というイメージをつくろうとしていたのだと思います。誰にも関わってほしくなかったし、それで中学校のときはやり過ごすことができたからです。しかし、METに入ったことで自分自身に対する考えが変わり始めました。四年間ずっとジャーナル（日誌）をつけ続けましたが、今でもときどきそれを読み返します。最近、読み返した箇所で、まるで誰かに答えを求めるかのように書いた質問が目に留まりました。それは、「どうして学校の人たちは、私をそんなに気にしてくれるの？」という質問です。

今では、どうしてそんな馬鹿げた質問を書いたのだろうと思います。その答えは、毎日METで学んでいればわかることでした。学校には、私の「家族」がいました。四年間ずっと同じ生徒が私のアドバイザリーにいました。私たちはお互いに、そしてアドバイザリー担当のチャーリーとも親密な絆を築きました（従来の学校の生徒のようにチャーリーのことを、「プラント先生」と呼ぶのはおかしな感じがします。少なくともMETではそうしません）。私たちはみんな、自分のアドバイザーをファーストネームで呼ぶので、私たちのアドバイザリーは「チャーリーズ・エンジェル」[1]でした。私たちは一緒にダンスパーティーに参加したり、誕生日を祝ったり、模擬テストを受けたり、毎週どんなことを達成したか振り返りをしたりしました。アドバイザリーは、強い絆で結ばれた、相互にサポートし合うつながりです。アドバイザリーのみんなに、私が何を気に入らないかや、どう感じるかを知ってもらうことは心地よかったですし、お互いの関係は数年かけて徐々に深くなっていきました。

私の家族は、私がいまだにMETに関わっていることに驚いています。私はMETの第一期生で、現在は大学に通っていますが、今でもアドバイザーであるチャーリーから電話や手紙、贈り物をもらいますし、私もチャーリーに会いに行くことがあります。いつも歓迎してもらっているように感じます。

METでのサポートがなかったら、私は今頃どこにいるだろうかと考えることがあります。私を信じてくれる人たちがいて幸運でした。METで、自分が学んだことを実際に使えるようにするためには、自分で何かをしなくてはならないということを学びました。そして、私は実際にその学び方を活かしたのです。

METのおかげで、私は本当の自分を見つけることができました。METで出会った人たちは私のことを、可能性をもった子どもとして見てくれました。従来の学校の仕組みでは、私は成績が悪い生徒だったでしょうし、もしかしたら退学していたかもしれません。METのおかげで、人生で直面する困難を乗り越える力をつけることができたと思います。私が生徒として、一人の人間として、重要な存在であり、人々が私を見捨てることなく大切にしてくれたことを知って、私はとても感謝しています。

マレオン・ヤイ
MET　二〇〇〇年卒業生
レスリー大学　二〇〇五年卒業予定

1……「チャーリーズ・エンジェル（Charlie's Angel）」は二〇〇〇年および二〇一九年のアメリカのアクション映画。一九七六～八一年に放映された同名のテレビドラマを映画化したもので、全米初登場一位を獲得した。

まえがき

先生、ＭＥＴのことを先生の耳に囁《ささや》き、ＭＥＴを素敵な学校にしようと駆り立てたものは何だったのでしょうか？　先生が今までに成し遂げてきたことを、最初にしようと思い立ったのはいつのことだったのでしょうか？　ほら、先生はもう始めてしまったのです。私たちがみんな普通の人に戻ってしまうだなんて、先生が思っていませんように。しかも、四年間も素晴らしい教育を受けた後で！　きっと先生は見守っていてくれるでしょう。幸運を祈りながら、私たちみんなにどんなことが起こるのかを。「私の学校」が大事にしている価値観と精神を今でも覚えています。なぜなら、私の中に息づいているからです。そしてそれが、大学生になっても、私を導いてくれています。そして、きっと私は自分自身のＭＥＴをどこかで始めるでしょう。不可能なことなんてないのですから。

親愛を込めて

ミスティ・ウィルソン

ＭＥＴ　二〇〇〇年卒業生

ブラウン大学　二〇〇五年卒業予定
MET同窓会ボランティア、詩人、活動家

私がこの本をマレオンのエッセイで始め、次にミスティの手紙を載せたのは、私たちが「全体像」を見ているときでさえ、一人ひとりの生徒から始めなくてはならないということを忘れてはいけないからです。生徒のことをまず第一に考えなくてはいけないですし、実際にいつもそうしてきました。それ以外の選択肢はあり得ません。

この本は、ミスティの最初の質問に対する答えであり、何年もの間、本を書くよう、私を後押ししてくれた素晴らしい友人や同僚たちへの返答でもあります。この本では、教育において実現可能だと私が思っていることを他の人にも理解してもらえるように、私の哲学と実践がシンプルかつ具体的に説明されています。ジョン・デューイの[1]『経験と教育』（講談社）、ハーバート・コールとジュディス・コールによるマイルズ・ホートンとハイランダー・フォーク・スクール[2]についての『*The Long Haul*（長い間）』、トム・ピーターズによる成功するビジネスやリーダーに関する多くの本を毎年読み返し、自分が線を引いた箇所に立ち戻ることにしています。そうすることで、私自身の理念を再確認し、なぜ自分がこのようなことをしているのか、思い出すことができます。この本が、次世代の教師にとって、同じ役割を果たしてくれることを願っています。

今までは、いつも学校のことに精一杯で、本を書くためのまとまった時間が取れませんでした。それでも、三〇年以上、定期的に文章を書き続けています。一九七二年に最初の学校を始めたときから、他の二つの学校、NPO、そして今では全国にある学校のネットワーク全体を通して続いている、ある伝統がありました。それは、毎週金曜日、「TGIF」[3]というコラムを配布することです。そこには、個人的な振り返り、今後のスケジュール、翌週の重要なお知らせが書かれています。以下に例を一つ載せておきます。

TGIF　二〇〇一年五月四日

今週はバーモント州からの視察団を迎えましたが、彼らを案内して回るのは素晴らしい経験でした。彼らはただ圧倒されていました。ある生徒は、一生懸命取り組むのは、それが自分のことだからだと言いました。ある新入生は、このような友好的で敬意のあるコミュニティーの一員になるのはどんな感じか話しました。また、隣に座っている生徒の作品の出来栄えを見て、目を見張った視察団のメンバーもいました。そして、その生徒は、METに来る前に四つの高校で落第したと言いました……。

TGIFを始めた最初の数年間に、自分の文章を書いてくれた教師もいました。私だけでなく、他の教師がTGIFに書くことも伝統の一部となりました。TGIFのおかげで、個人的な出来事をスタッフ同士で共有することができるので、とても気に入っています。教師たちが自分の仕事について書いたり、生徒のいいところを認めたり、困っていることを言葉にしたりするのを読むと、私はいつも感動します。私はTGIFでMETの教職員の言葉を読むのが大好きで、実際、涙が出そうになることもよくあります。

三〇年以上、TGIFを書かなかったことは一度もありません。毎週木曜日の夜、私は座って、自分の一週間を振り返って、考え、分析し、内省し、計画を立てます。これは、自分がどこにいるのかを把握し、教職員に自分がどこを目指しているのかを知らせるための方法なのです。つまり、この本はある意味、究極のTGIFなのです（METの教職員の皆さん、少なくとも今週は、これほど長い文章を書くようにとは言いませんから、ご心配なく）。

サマンサ・グラベルを初めてアシスタントとして雇ったとき、彼女もまた、なぜまだ自分の本を書いていないのかと私に質問しました。私はいつものように言い訳をしましたが、彼女は具体的な解決策をもっていました。サマンサは、私がこれまで書いたもの（あらゆる記事やTGIF）、そして私について書かれたもののすべてに目を通し、毎週数時間、私と会って、私が自分自身の哲学や人生、そして、お気に入りのストーリーについて話すのを録音すると言ったのです。そうして私たちは顔を突き合わせ、話し、書き、書き直し、そして何か月もかけて、この本ができあがりました。

もちろん、この本はサマンサと私のやりとりだけをまとめたものではなく、もっと大きな意味があります。私の人生におけるすべての考え、感情、行動を集めたものであり、それは私の身近にいるすべての人々の考え、感情、行動から影響を受けています。そのストーリーはすべて私のものというわけではありません。どんな物語文化でも同様ですが、私が目撃した出来事、私の周りで起こった出来事、あるいは私に語られた出来事が組み合わされているのです。語り手と登場人物のよさが十分に表現できていれば幸いです。ただし、文章掲載の許可を得た場合を除いて、登場人物の名前を一部変更したこと、また生徒の名前をすべて変更したことは、明記しておかなければなりません。私の友人、同僚、生徒にとって、この本が非常に身近な存在であってほしいと思いますし、教育の個別化、小さな学校の設立、教育改革運動の一翼を担ってきた人や、これから担おうとしている人にとって刺激になるものであってほしいと願っています。

エリオット・ウォッシャーと私がＭＥＴを設立したのは、学校のあるべき姿を示すためでした。ＭＥＴがうまくいっているからこそ、私たちがしていることに信憑性が生まれていますが、私たちの目的は、もっと大きなものでしたし、今でもそうです。私たちは、ＭＥＴのような学校を望む人たちのムーブメントを起こしたいと思っています。もっとも基本的なレベルでは、教育を皆の問題として捉え、学校を単に教師が教え、生徒が学ぶ建物としてだけでなく、もっと大きなものとして捉えるムーブメントです。一人ひとりの生徒を大切にして教育すること、複数の評価方法で生徒を評価すること、「リアル」な世界の基準に照らして生徒の進歩を測ることに情熱を傾けるムーブメントです。生徒を一人の人間として尊重し、家庭を子どもの学習に不可欠なものとして尊重し、地域社会を資源として尊重し、教師を地域、都市、州、国、そして世界をよりよくする力をもつ変革者として尊重するムーブメントです。

この本は、ＭＥＴのような学校の始め方について書かれた本ではありません。うまくいっている方法を多くの人に理解してもらうためのアイディアやストーリーを集めたものです。取り組みを前進させるためには、それを進める人たちが何度も一からやり直すのではなく、過去から積み重ねていかなければならないことは理解しています。しかし、本書で紹介するストーリーや方法は、過去のものばかりではなく、現在のものでもあります。ロードアイランド州プロビデンスにあるＭＥＴで、そして全米各地にあるＭＥＴをモデルとして設立されたビッグ・ピクチャー・スクールで、今まさにそのすべてが行われているのです。この本が、単なる理論ではなく、実際の学校、実際の人々、そして今現在の「リアル」な世界と結びついた理論を提供するきっかけになるよう願っています。このモデルはうまくいきます。柔軟性があり、「リアル」で、子どもたちがまさに必要としているものだからです。でも、私の言葉だけを鵜呑みにしないでください。エリオット・レヴィーンは、著書『*One Kid at a Time*（子ども一人ひとりを大切に）』の中で、METについて詳細に書いていますのでぜひ読んでみてください。

また、校長と教師には本書を読んで、私たち教師がなぜこのようなことをしているのか、改めて考えてほしいと思います。教員養成課程の指導者には、これから教師になる人に、学校の全体像と生徒一人ひとりの両方を見ることを勧めてほしいと思います。そして、保護者と子どもたちのことを思うすべての人が本書を読み、子どもの声を反映する教育制度が、子どもたちや家族、地域社会にとって真の財産となるような教育制度を求めて闘うよう鼓舞されることを願っています。

本書の各章が、あなたが考え、すでにもっている考えを確認し、教育をそれまでと違った目で見る手助けとなることを願っています。ページの余白に自分の考えや反応を書き込んで、目についたものに線を引いたり、丸をつけたりすることをお勧めします。また、各章の終わりには、湧き上がってきた問題についてより深く考えるための問いが用意されています。もしあなたが学校で働いているのなら、これらの問いを、自分の学校が変わるきっかけになるように、表現を工夫して言い換えて、他の教職員と共有してみてはいかがでしょうか？　職員会議で答えを比較し、自分たちの取り組みのどこが共通していて、どこが違っているかを学ぶこともできます。これらの問いを中心に据えて、教職員全体の研修を行うこともできます。

あなたが教員養成課程の指導者であれば、学生が自分の教育哲学を発展させるために、これらの問いを使うことができるかもしれません。また、学校の現場視察や、学生が実際に生徒に教えるようになったときの行動計画づくりに役立てることもできます。

高校生、保護者、地域住民であれば、その地域の学校の現状や、発展と変革の可能性について話し合うきっかけとなるような問いを探してみてください。

最後に、あなたが政策に影響を与えたり、政策をつくることができる立場の人であれば、教育制度を変え、改善するための起爆剤として、問いを活用してください。


ミスティが手紙に書いたように、不可能なことなんてないのですから。


1……John Dewey はプラグマティズムを代表するアメリカの哲学者。シカゴ大学在任中に、のちにデューイ・スクールと呼ばれる実験学校を設立し、その実験報告が『学校と社会』（岩波書店）にまとめられています。

2……原注・マイルズ・ホートン（一九〇五〜九〇）は、世界を変えるのは人々の力であると強く信じていました。ジョン・デューイの進歩主義教育と一八〇〇年代のデンマークのフォルケホイスコーレ運動に触発され、一九三二年、テネシー州モンティーグルにハイランダー・フォーク・スクールを設立しました。ホートンの指導のもと、同校は一九三〇年代から一九四〇年代にかけて組合組織化され、一九五〇年代から一九六〇年代にかけて公民権運動に携わりました。Highlander Research and Education Center（ハイランダー研究教育センター）は、現在も活発に活動を継続しています。センターのウェブサイトには「ハイランダーの活動は、真に公正で民主的な社会では、政治・経済生活を形づくる政策は、すべての人々に対する平等な関心とすべての人々の参加によってもたらされなければならないという信念に根ざしている。この信念に基づき、私たちは、不公正な政府の政策や大企業のやり方に苦しむ地域社会が、自分たちの懸念を表明し、他の人々と協力して変革のための運動に参加するのを支援する」とあります。詳しくは、http://www.highlandercenter.org 参照。

3……TGIFとは“Thank God It's Friday”の頭文字を取ったもので、「今日は金曜日だ。神様、ありがとう」という意味。一般的に使われている、仕事や学校の一週間の終わりを喜ぶ表現です。

第1章
教育の本当の目的

教育は人生に対する準備ではない。教育こそが人生そのものだ。

——ジョン・デューイ

入学初日に生徒が校舎に入ってくるのを見ながら、私は彼らが卒業する日にどうなっていてほしいかを考えます。また、一〇年後、あるいは二〇年後にスーパーマーケットでばったり出会ったときにどうあってほしいかも考えます。三〇年以上にわたって、私が校長をした三つの学校に生徒が登校する姿を見てきて、私は彼らにこうあってほしいと考えています。

・生涯にわたって学び続ける人である
・情熱をもっている
・リスクをとる準備ができている
・問題解決能力に長け、クリティカル[1]に物事を考えることができる
・多面的に物事を見ることができる
・自立して働くことも、他者と協力することもできる
・創造的である
・コミュニティーに貢献したいと思っている
・やり抜くことができる
・誠実で自尊心がある
・正しい行いを貫こうとする道徳的勇気がある
・周囲の状況をうまく活用することができる
・話すこと、書くこと、読むこと、数字を扱うことに長けている

・自分の人生と仕事を**真に楽しんでいる**

私にとって、これらが教育の本当の目的です。[2]

私は生徒に、身の回りにあるいろいろなリソース（資源）を有効に活用できるようになってほしいです。何か興味のあるものを読んだり見たりしたら、それを実行に移してほしいです。何か思いついたら、受話器を手に取って、そのことについてよく知っている人に電話をかけたり、本を探して読んだり、腰を据えてそのことについて書いたりしてほしいです。私の生徒の一人が大人になったところを想像するとき、自ら考え、行動を起こし、自分の情熱を追いかける姿が思い浮かびます。私の目には、自分が望むものや信じるものを求めて立ち上がり声をあげることのできる大人、そして、自分自身と世界を大事にする大人が見えます。それは、自分自身を理解し、学ぶとはどういうことかを理解した人です。創造性、情熱、勇気、誠実さは私が卒業生に身につけておいてほしい、人としての資質です。毎日見慣れているものを再発見し、まったく新しい見方で見てほしいです。自分自身を肯定的に受け止め、誠実で正直な生き方をしてほしいです。そして、日々の暮らしの中で繰り返し遭遇する「こころの知能指数」[3]を、従来の「頭のよい子」を想起させる知能指数よりも大切にしてほしいです。

最後に、私は生徒が他者と良好な関係を築き、他者を尊敬するようになってほしいです。かつて私に「学校がしてくれるもっとも重要なことは何ですか？」と尋ねた人がいました。私は、もし、生徒が学校でお互いのことを気にかけ、仲良くできなかったら、また学校外で出会う人にもそれができなかったら、教育の本当の目的だと私が信じるものは何も実現されていないと答えました。これが、多様であることを喜び、尊重するということが本当に意味していることであり、学校や社会はそれがあるから機能しているのです。

生徒が学校を卒業するときに、大人の世界でうまく生きていくための基本的なライフスキルを身につけていてほしいです。例えば、会議でどのように振る舞うかや、どのようにして生活を維持し、きちんと働いていくかなどです。このことは、あまりにも多くの学校が、理科の授業を三コマ、社会を三コマ、数学を四コマというように詰め込むことに必死になりすぎて、忘れてしまっている基本的なことです。もちろん、学校で学んだことを足場にして、スキルをさらに向上させ、学び続け、成長し続ける人であってほしいとも思っています。七〇歳まで生きると、誰もが人生の九パーセントの時間を学校で過ごすことになります。[4] 残りの九一パーセントは「学校の外」で過ごすことを考えると、**学校ができる真に重要なことは、生涯にわたって継続して学ぶことができる人になるのを手助けすることです**。私にとっては、これが教育の究極の目標です。W・B・イェイツ[5]はそれを次のように言いました。**「教育とは桶を満たすことではなく、火を灯すことである」**

● ● ●

一九九九年、メリーランド州ハワード郡の教育委員会が高等学校の生徒の評価項目から二つの基準を取り除きました。そのどちらも標準学力テスト[6]とは関係ないものです。取り除かれたのは、「独創性」と「自発性」でした。この教育委員会は、生徒の学びにおけるこの二つの資質がもはや重要ではないと決定したのです。生徒がどれだけ一生懸命取り組んでいるかや、生徒の作品が独創的であるかどうかを測ることが「不可能」であるとして、取り除く決断をしました。この教育委員会の発言、そして、あまりに多くの教育委員会が今なお主張していることはこういうことです。「簡単に測れないことは、気にすることも、教えることもできません。まして、生徒がそれを学んだかを判定することはもちろんできるわけがありません。それでは、どのように解決したらよいのでしょうか？　独創性と自発性を教育の目標から完全に取り払って、ただテストのためだけに教えたらいいのです」。私は開いた口が塞がりません。

高名な教育専門家であり、カーネギー教育振興財団の当時の理事長だったアーネスト・L・ボイヤーは、かつて「つながりをもつ」というタイトルのスピーチを行いました。その中で彼は見事にこう言いました。

> 理想的に聞こえることは重々承知していますが、私の切迫した願いは、二一世紀に、この国の生徒がたった一つのテストの結果で判断されるのではなく、人生の質で判断されるようになることです。未来の教室では、生徒が周りに同調するのではなく創造的であるよう励まされ、競うのではなく協働することを学ぶよう励まされることを願っています。

ボイヤーがこう言ったのは一九九三年のことです。彼は長い闘病生活の末、この二年後にガンで亡くなりました。ボイヤーは、学校が間違った方向に突き進んでいることを知っていて、自分の望みを「理想的」であると言うことによって、それを明らかにしたのです。もし、今日ボイヤーが生きていたとしたら、彼の望みがいまだに実現されていない理想であるだけでなく、私たちが正反対の方向にずいぶん進んでしまったことを知ったらと思うと、私は悲しくてたまりません。

八年生のとき、理科の先生が私たちにポスターを作らせ、学校中に貼ったことを覚えています。それは正確にはテストではありませんでしたが、実際には重要なプロジェクトでした。なぜなら、生徒は皆そのポスターによって成績がつけられることを知っていたからです。そのため、ポスターは壁一面に美しく貼られていました。その先生は上司や同僚の目に素晴らしく映り、おそらく、自分でもかなり誇らしく思っていたことでしょう。この瞬間、私は初めて自分が受けている教育が偽物だと気づいたのです。私は、クラスメイトが作ったポスターから何も学んでいませんでした。そして、（恐ろしいことに）自分が作ったポスターからさえも何も学んでいなかったのです。その先生はただポスターを貼り出しただけでした。私たちがポスターについて話すことはほとんどありませんでしたし、そのポスターの内容を他のどんなこととも結びつけていませんでした。そして、先生はそれ以上深い学びに取り組むことは決してありませんでした。クラスメイトと私はただ百科事典から写真や言葉を写すことによって、ポスター制作という課題に合格しただけでなく、その学期に学ぶとあらかじめ決められていた「一連の知識」を習得したとみなされたのです。私たちは、誰一人として、理科の知識どころか、独創性と自発性についてほとんど学ぶことはありませんでした。私たちはただ「課題」が求めることだけをし、それ以上のことは何もしませんでした。その先生も同様でした。

今日でも、私が経験したポスター制作と同じように意味のないテストが教育の目標となっています。テストは、社会が若者にとって価値があると思っているものを反映しているのです。**私たちはテストにとりつかれてしまっているので、生徒が学ぶべき大切なことが見えなくなっているのです**。

もし、私たちが目標から逆算して取り組み、私たちが憧れる大人とはどのような人なのかを最初に考えたら、選択式のテストで測ることができる資質を挙げたりはしないでしょう。学習におけるどの領域においても、一つの測定法やツールだけで、本当に重要なことを測りはしないでしょう。進級や卒業のために、すべての生徒が合格しなければならない一つのテストへと駆り立てられる教育制度によって、状況はさらに悲惨になっています。

> ――私たちが目にしたいと望むのは、知識を追い求めている子どもであって、子どもを追い回している知識ではない。
>
> ジョージ・バーナード・ショー[7]

あまりにも多くの学校や教育政策立案者たちが最終的な結果に注目しすぎています。そのため彼らは、その結果に至るまでの過程が、生徒の理解や知識の活用に、どれだけ影響しているかを無視してしまっています。**あまりに多くの人が、いかに内発的動機づけと欲求が学習に関係しているかを忘れてしまっているのです**。アメリカの教育におけるほとんどすべての取り組みが、生徒から生涯にわたって学び続ける人となる機会を奪っています。

私は、生徒に自分が必要とする情報を見つけることができるようになってほしいと思います。つまり、**学びをつくり出す**過程を経験してほしいということです。鍵となるのは、生徒にやる気があるかどうかです。生徒が共通テストで、アメリカの歴史の問題に答える能力があるかどうかよりも、アメリカにおける女性の歴史をワクワクしながら探究しているかどうかの方が、私は気になります。生徒に知識を提示して、彼らが事実をしっかり覚えて、答えを当てることができるかをチェックすることよりも、生徒が知識を活用することを学ぶのを手助けすることの方がずっと重要です。ほとんどの学校は知識を与え、それを覚えているかどうかをテストしているだけです。教師が光合成について一方的に説明し、与えた知識を生徒に吐き出させているだけで、その間、生徒の中で光合成のような過程はまったく起こっていないのです！　生徒はその知識を取り入れることもなければ、光合成についての本を探しに図書館へ行くことも、地域の温室を見学するために連絡を取ることも、植物を研究している科学者に話を聞きに行くこともありません。知識を受け取り、それについてテストされるまでの間、生徒は間違いなく成長していないのです。知識を取り入れ、ただ吐き出すだけです。その知識も生徒もまったく変わらないのです。

学ぶとはどういうことか？

生徒が生涯にわたって学び続ける人へと成長しているかどうか、まさに今学んでいるかどうか、「教養のある人」へと成長しているかどうかを私たちはどうやって知るのでしょうか？　私はアメリカ国内で数多くの講演を行っていますが、その講演を聞きに来るのは「教養のある人」とはどんな意味なのかを知っていると思っている人たちです。彼らは私から教育の方法を学ぶ気満々で、「教養のある人」とはどのような人かわかっていると自信満々です。そこで、私は映画「いとこのビニー[8]」のあの有名な場面を見せるのです。どの場面かわかるでしょう。マリサ・トメイが証人席で、現場で見つかったタイヤ痕を残したのは被告人の車であるはずがないと陪審員に証言するシーンです。この件を証明するために、彼女は車についてのありとあらゆる事実や理論、歴史的知識をまくし立てます。一般化し、物事をまとめ、彼女の知っていることをすべて法廷中に示します。見ごたえのある場面です。そこで、私はビデオを止めて聴衆に尋ねるのです。「マリサ・トメイのことを『教養のある人物』だと思いますか？」。「そうは言っても彼女は美容師だから、本当に教養があるとは言えない」などと思う人がいれば、「彼女が車について同じだけの知識を情熱をもっていて、美容師ではなく医師だったら、教養があるとみなしますか？」と尋ねます。

あなたがたとえ何者であろうと、何かに夢中になって、その何かについて知っていることを人に伝えることができたとしたら、そのことについて知識があるということです。これがエ、キ、シ、ビ、シ、ョ、ンです。エキシビションとは、自分が読んだ本や、自分が書いた論文、自分が描いた絵や自動車の修理や組み立てについて自分が知っていることを情熱的に語ることです。生徒が、自分が学んだことについて語り合うための方法です。エキシビションは、学びを測るための最良の方法です。なぜなら、エキシビションでは学びの中心が生徒だからです。一時間静かに座って、テストの空欄を埋めるように指示するよりもずっと意味があることです。エキシビションは双方向のやりとりなので、生徒はもっと学びたいと思うようになります。これが重要なポイントです。

八年生を電車でワシントンD．C．に連れて行ったときのことです。そのときの添乗員は生徒と話すことを心から楽しんでくれて、彼らの旅程について耳を傾けてくれていました。生徒は、自分たちが行ってきた研究と皆で協力して導いた結論について話していました。にもかかわらず、添乗員は生徒がどれだけ賢いかテストしようと言って、州都についてのクイズを出題し始めました。生徒の性格やどんなことができるかなど、いろいろなことを知り、学びに対して彼らがどれだけ夢中になっているかを見た後で、それでもまだ本、当、に「賢い子」なのかどうかを試そうとしたのです。私はそのことが残念でなりませんでした。彼が多くの人と同じように記憶に頼ったテストだけが賢さの判断基準であると思っていることが大変残念でした。

学ぶとはどういうことかを人々に説明するときに私が使うもう一つの例は、"A Private Universe"[9]と呼ばれる数学と理科の学習に関する動画です。このビデオは、ハーバード・スミソニアン天体物理学センターが制作したもので、ハーバード大学の卒業式の日に学生、教員、卒業生に行ったインタビューです。彼らのほとんどは、学位を授受するために角帽と礼服を身につけ、ガウンをはためかせて、「教養のある」姿をしています。そこで、インタビュアーが「どうして季節があるのですか？」あるいは、「どうして月は形を変えるのですか？」という二つの質問のうちどちらかを尋ねます。

無作為に抽出された二三名のハーバード大学の学生のうち二一名が間違って答えました。さらに、彼らが小学生と同じ勘違いをしていたことがわかりました。それから、彼らはここ数年の間に、ハーバード大学や高校で履修した理科のクラスをすべて列挙するよう指示されました。聴衆にこのビデオを見せるとき、こう言います。「ご覧ください。彼らは、ありとあらゆる理科の授業を受け、一つひとつに合格し、さまざまなことを学んだにもかかわらず、季節の変化のような基本的なことに授業で学んだ知識を活かすことができていないのですよ」。ハーバード大学の学位のおかげで、卒業生は世界で力をもつようになるのですが、その学位が示す知識を活用できないとしたら、その力は一体何なのでしょうか？ 長年の友人で、ＭＥＴとビッグ・ピクチャー・カンパニー（ビッグ・ピクチャー・スクールの運営母体）の共同創始者であるエリオット・ウォッシャーは、このことに多くの学校が学びをどう見ているかが表れていると指摘します。ＭＥＴとビッグ・ピクチャー・スクールで私たちがしていることと比較して、彼は次のように表現します。**「多くの学校は知識が力だと思っている。私たちは、知識を活用できることが力だと思っている」**

肝心なのは、学びとは授業や本や博物館で得た知識の先を行くことだということです。**学びとは個人的なことです**。学びは一対一や小さなグループで起こることもあれば、一人で起こることもあります。もちろん、学会や講師、講義がやる気を出させてくれるかもしれませんが、本当の学びはそのあとに起こります。つまり、それであなたが何をするか、どうやってそれをまとめるか、それについて家族や友達、クラスメイトにどう伝えるかが学びなのです。心理学と教育の著名な専門家であるシーモア・サラソン[10]が最近思い出させてくれたように、こういった学びの捉え方は、患者が相談のセラピーの時間内に回復するのではなく、セラピーとセラピーの間に回復するのだと考える心理療法士の見方に似ています。

私は、学校が今取り組んでいることやインタビューを受けたハーバードの学生が学んできたことをすべて捨ててしまおうと提案しているわけではありません。学びの定義をもっと深く考察し、素直に別のことを試してみて、何がうまくいくのかを見ていくべきだと言っているのです。**学びとは、考え方を学ぶことです**。

私の友人であるトム・マグリオッツィは、アメリカ公共ラジオ局の人気番組Car Talkのホストを務めているのですが、彼が兄弟と執筆した『*In Our Humble Opinion*（私たちの控えめな意見では）』の中で、学びとはどういうことかについて語っています。私が気に入っている箇所は、マサチューセッツ工科大学で化学工学の博士号を取得したトムが次のように述べるところです。

> 学校は、まず最初に生徒にテストの受け方（クイズ番組の挑戦者でない限り実生活で決して使わないようなスキル）を教えるようです。小学校では中学校に入れるように仕立て、中学校では高校に入れるように仕立てます。つまり、学校の目的は、生徒を次の学校に入れるよう仕立て上げることです。そん

なことを目的と呼ぶことができればの話ですが。

心理学者のロバート・J・スタンバーグ[11]は、「『リアル』な世界」での成功と彼が直面した大学での心理学研究の困難さという矛盾について書き記してきました。このスタンバーグの言葉は、高等教育でさえ、教えられ学ぶよう期待されることと「学校の外で」実際に重要であることとの間に大きな差があるということを思い出させてくれます。

二一年間心理学者としてやってきて確信していることは、心理学の入門コースや他のどのコースでもAを取るために必要なことを一度も、ただの一度でさえ、しなければならないような状況に出合ったことがないということです。特に、本や講義の内容を暗記しなければならないということは今まで決してありませんでした。もし何か思い出せないことがあれば、調べたらいいだけです。しかし、大学だけでなく他の校種でも、記憶力のいい学生にAを与えるのが現在の教育制度です。

学びは暗記ではありません。学びの本質はマインドフル[12]であることです。「マインドフル」というのは、私が最近知った考え方で、まさにMETで私たちが生徒に育もうとしていることだとすぐに納得しました。ハーバード大学の心理学の教授であるエレン・ランガーが『心の「とらわれ」にサヨナラする心理学――人生は「マインドフルネス」でいこう!』『ハーバード大学教授がこっそり教えるあなたの「天才」の見つけ方』(ともにPHP研究所)という本を書いています。これらの本の中で、マインドフルネスを育むことに

よって、人々が世界はおもしろい学びの可能性に満ちていて、世界は常に、異なる視点からは違って見えるということに気づけるようになると述べています。**私たちの教育制度は、マインドフルな学習者を生み出すことを目標にすべきなのです**。自分の身の回りのものすべてに、そして、自分の中にあるすべてのものに対してマインドフルである学習者を生み出すということです。「パレード」誌[13]でランガーは次のように述べています。

「状況にかかわらず、どんなことにも正しいやり方と間違ったやり方がある」と人に教えてしまっていることがあまりにも多いです。教えなければならないのは、どうしたら柔軟に考えることができるかであり、役に立つかもしれない情報に対して自分を閉ざしてしまうことなく、どんな状況でもさまざまな可能性にマインドフルであることです。

私はテニスが大好きです。子どもの頃、テニス合宿に参加し、そこでサーブを打つときのラケットの持ち方を教わりました。数年後、全米オープンを見ていたときに、私が教わったやり方でラケットを持っている選手が一人もいないことに気づきました。

問題は、私たちの学び方です。私たちは、「これがひょっとしたら君にとっていい握り方かもしれない」というように、他にも可能性があることを示すような言い方で教わることはほとんどなく、普通、「これが正しい握り方だ」と教わります。マインドフルであること、つまり、想像力と独創性を活かして自分にとってベストなやり方を学ぶことが、平凡な選手とチャンピオンの違いなのです。

教えるとはどういうことか？

――教えるとは聴くことであり、学ぶとは語ることである。

ＭＥＴのアドバイザーの車に生徒が書いたメッセージ

二ページをご覧ください。私が考える教育の本当の目的を挙げました。人々、特に教師はこのリストをどのように使うでしょうか？　教師がこれを教えることに使う場合、どのように解釈するかが心配です。まさか、教えることと学ぶことを分けて考えるなんていうことはないでしょう。私のリストを見て、「わかった。これらは生徒が学ぶべきことだと私も思う。ではこれから、二五人学級で教えることができるカリキュラムをつくり上げよう」などと言わないでください。私にとって、**教師としてするべきことは、教育の目的を理解し、学びがどのように機能するかを理解し、どのようにしてこういったことすべてを一人ひとりの生徒に応用するのかを見つけることです。一人ひとりの生徒を大切にすることです。**私が大事にしている教育の目的をもってきて、標準化された選択式のテストで評価できる講義中心のカリキュラムに合うようにねじ曲げて使うのはきっとたやすいことでしょう。しかし、教師であるということ、さらに言えば、教育制度を構築するということは、これらの目的を理解して、生徒と学びを支援するために可能な限り最高の環境をつくることなのです。これらの目的を従来の学校の教育制度に無理に合わせる方法を探すことではありません。

教育者がこの点をどのように間違えて理解する可能性があるか、例を挙げてみましょう。道徳的な人間へと成長することが教育のもっとも重要な目的であると考える人々がいます。そのため、カリキュラムはすべて、道徳的資質を教えることを中心として開発されてきました。紙の上では素晴らしい「道徳的葛藤のシナリオ」を取り入れた教科書がありますが、一人ひとりの生徒の現状にはまったく関係ないものかもしれません。さらに、何が道徳的か、あるいは道徳的でないかの理解度を評価するための選択式テストまであります。道徳性の問題は、重大で、身近で、「リアル」な世界の問題です。しかし、よかれと思って生徒からその身近な問題を引き離してしまっている学校があるのです。

ただ正しい目的を設定することが答えではありません。重要なのは、その目的をどう教えるか、つまり、教えるという行為なのです。

もう一つ例を挙げましょう。アメリカのすべての生徒が民主主義を理解すべきだと言ったら、私たちは皆同意します。そして、ほとんどの人は「アメリカ合衆国憲法を読んで、それがどうやってできたかについて話し合えば、生徒は民主主義を理解するだろう」と思うでしょう。そうです。アメリカ合衆国憲法は知っておくべきものです。しかし、こういったことを学んでいる間、**ほとんどの生徒は一二年間の学校生活を通してただの一度も民主的な決断をすることがないのです**。ほとんどの生徒は学校にいる間に何か重要な決断をすることを許されてもいなければ、そうする権利があるとも思っていないのです。もし、生徒に民主主義とよき市民であることの重要性や選挙のこと、そしてそれに伴うあらゆることを教えようとするなら、本当の決断をし、自分の周囲で起こることの責任を取る機会を生徒に与えるべきです。生徒は実際に投票すべきであって、ただ投票のことを話し合っているだけではいけないのです。

教師であるということは、私が示した目的を達成しようと取り組むことです。自分がもっているスキルと

生徒への愛で、生徒がこれらの目的を達成できる最高の環境をどのようにつくっていくのかを見出すことです。同時に、どの生徒も一人ひとりが独自の方法で学び、そのやり方で目的を達成するのだと肝に銘じなければなりません。生徒は皆、教師であるあなたのところに個人的な問題を抱えてやってきます。その重荷を降ろしてからでないと、生徒はあなたが教えようとしていることを学び始めることができないのです。教師の役割は一人ひとりの生徒に合ったやり方を見つけることです。教えるということは、**一人ひとりの生徒を大切にしながら**よく見て、よく話を聞く方法を見つけることです。そうすれば、生徒は自分で目的を達成できるようになるのです。生徒と大人の間のふさわしい人間関係、つまり、両者にとってうまく機能する人間関係をつくっていくことでしょう。そして、もっとも重要なのは、**「教える」ということが他のことと無関係にただそれだけでは起こり得ない**ということです。地域や生徒の家族はできる限り含まれているべきです。親は生徒にとって最初に出会うもっとも重要な教師なので、生徒を育てる上で除外することはできませんし、除外してはいけないのです。それは、たとえ、教師という「教育のプロ」がいたとしてもです。

●●●

一九七〇年代の初め、私は「オープンクラスルーム」[14]の仕組みを採用しているさまざまな学校で教育実習生を教室に配置しました。こういった学校は、従来の講義中心のやり方よりも生徒が小グループでプロジェクトに取り組む方が、学びのためのよい環境であるという一九六〇年代の大きな運動に影響されていました。教育実習生の一人は、若くて理想に燃えた女性だったのですが、ある日、私に向かってこう言ったのです。

「デニス、ここでの経験は素晴らしいのですが、いつになったら教え方を本当に学ぶことができるのですか?」。彼女はワクワクするような素晴らしい学びの環境に立ち会いながら、彼女自身の教えるということのイメージとは違っていたため、気づけなかったのです。つまり、彼女は教室の前に立って、黙って整然と並んでいる生徒に知識を注ぎ込むことを教えることだと思っていたのです。

——教えるということは、私が思っていたよりはるかに深い。
METで一年過ごしたアドバイザーの言葉

残念ながら、ほとんどの人は教えるとは知識を与えることだと思っています。あなたが生徒に何を伝えようとしていても、あなたの専門分野が何であったとしても、教えるとは**すでにその人の中にあるものを引き出すこと**なのです。

METでは、教えるということを根本から定義し直してきました。私たちは教職にまつわるステレオタイプを壊していることを表すために、「教師」から「アドバイザー」へと名称を変えました。METの教師は、ただ知識を与えるだけの人ではありません。生徒が自分の情熱を発見し、自分の学び方を見つけるよう励まし、その過程で支援を行っていく大人なのです。METで働く教師はカリスマ的な講師というわけではなく、上手にコーチングをし、人生の目標となり、うまくやる気を引き出し、適切なアドバイスをします。そして、もちろん、教えることも上手です。生徒に、教科書のどこに答えが書いてあるのかを教えるのではなく、生徒が「リアル」な世界の中で知識を見つけるのを手助けします。生徒に答えを与えるのではなく、問題をどう解決すればよいのか、生徒と一緒にブレインストーミングします。生徒にどの本を読めばよいか指示するのではなく、自分の興味に応じて読むべき本を自分で選ばせます。教室や学校や州の基準に合うような論文を生徒に書かせるのではなく、一人ひとりの生徒に寄り添って、生徒が自ら書いたものに満足し、自分自身の基準に達するまで論文を一緒に書き直していきます。ＭＥＴのアドバイザーは、生徒を取り巻く環境の中で重要な役目を担っています。**生徒は、影響力のある大人からサポートされたり、やる気をもらったりして、誰にも邪魔されずに自分自身を見出すことができるのです**。私にとっては、この環境こそが学校のあるべき姿なのです。

ＭＥＴで教師を採用する際、その決断にすべての職員と数名の生徒も関わるという実に民主的な方法をとっています。新規採用の主な基準は、生徒を愛し、生徒に対して献身的であること、そして、教師自身が生涯にわたって学び続ける人であることです。面接中、私は自分自身にこう問います。**この人物の学びに対するワクワク感を生徒が見たら、こんなふうになりたいと思えるような大人だろうか？**　また、生徒とどんなやりとりをするかも見るようにしています。生徒に関わろうとしたり、生徒を尊重したりしているかどうかを確認します。もし、教える場面で候補者を観察する機会があれば、その授業がいい授業かよりも、どこに注意を払っているかに関心があります。つまり、目の前に座っている生徒よりも、教えている内容や自分の声色ばかりに気を取られてはいないかということです。

——自分が知っていることを教えられる人は山ほどいる。しかし、自分がもっている学ぶ能力を人に教えられる人はそうはいない。

ジョゼフ・ハート[15]

教師が生徒を愛し、教えるという行為にワクワクしていて、自分自身も学習者であるとき、「専門分野」であろうがなかろうが、最高の教育ができます。かつて、聖書のクラスを宗教ではなく一つの文学作品として教える教師がいました。彼女はそれまで本格的に聖書の研究を行っていたわけではありませんでした。のちに、彼女は私に、その授業のときが、教師として今までで最高だったと言ったのです。というのも、彼女は聖書に関して生徒と同じレベルで、あらゆることを一緒に初めて経験していたからです。つまり、彼女は生徒に「ここの隠喩に着目して、あそこの表現と比較しなさい」というようなことを言わずに、彼女自身が答えを知らない問い、例えば「この表現とこの表現を比べてどう思いますか？」というような問いを生徒にしていたのです。彼女自身、とても楽しかったでしょうし、生徒も一緒に学んでくれる教師がいることでかなりやる気になっていました。

また、あるときは、家庭科の教師が、数学でつまずいている何人かの生徒に数学を教えなければなりませんでした。きっと「できるわけがない」と思う人もいるでしょう。しかし、彼女はうまく教えることができたのです。六人の女子生徒と一緒に座って、問題に取り組んでいました。家庭科の教師にすべてがわかるわけじゃないと生徒が思っていても、彼女は不愉快に感じたりはしませんでした。彼女は答えを教えてくれる人としてそこにいるのではなく、どうやって答えを見つけ出すかを生徒に示す役割を果たすために、そこにいることを快く感じていました。どうしてわからないのかと生徒を叱りつけることもなく、生徒の知識が欠けていても我慢強く寄り添いました。彼女は生徒と共に「学ぶ」経験をし、そして生徒も彼女と共に「学ぶ」経験をしたのです。

教師が学習内容を知らなくても構わない、と言っているわけではありません。知識があればそれだけ、どんな問いをすればいいかがわかるので、さらに学びやすくなります。しかし、知識は時に邪魔になることがあると私は思うのです。その知識をそのまま生徒に譲り渡したりしない限り、ある分野に関して深く知っていることは、教師にとって素晴らしいことです。その深い理解を、生徒が自ら学びを見出すための支援に活用しなければならないのです。**「教えること」と「学ぶこと」の目的は、問題解決です。教育とは、教師と生徒が共に問題解決に取り組むためのベストな環境をつくるプロセスなのです。**可能な限りベストな環境とは、誰もが安全で、支援されていて、尊重されていると感じることができる環境で、生徒と大人が共に楽しんで学びに取り組むことができる環境です。

学びを深めるための問い

1 あなたにとって「教育の真の目的」とは何ですか?
2 「学ぶこと」と「知識」の違いをどのように定義しますか?
3 デューイの「教育は人生に対する準備ではない。教育こそが人生そのものだ」という言葉について、あなたはどう思いますか?
4 「学びとは個人的なことである」ということに同意しますか? もし同意するなら、そう思わない人にこの考え方をどう説明しますか？
5　あなたにとってベストな学び方はどのようなものですか？「自分自身の学ぶ能力」をどのように教えられますか？
6　あなたが本当に学んでいるとき、どのように見えますか？　またどのように感じていますか？

1……よく「批判的」と訳されますが、それが占める割合は三分の一から四分の一程度で、「大切なものとそうでないものを見極める」ことの方が重要な部分を占めています。

2……二一世紀スキルと言われる四つのC（Critical thinking, Creativity, Collaboration, Communication）がすべて含まれているだけでなく、他の大切なものもすべて含まれています！　あなたは、このリストに加えたいものがありますか？

3……こころの知能指数（EQ＝Emotional Intelligence Quotient）とは、心理学者ダニエル・ゴールマンが提唱した能力で、自分の心をコントロールする知能と他人に共感する知能からなっています。社会で成功するためにはIQ以上に、EQが大切です。「作家の時間　思わぬオマケ」を検索すると、具体的な項目を見ることができます。詳しくは、ダニエル・ゴールマン著『EQ　こころの知能指数』（講談社）および『ビジネスEQ――感情コンピテンスを仕事に生かす』（東洋経済新報社）を参照してください。

4……著者の九パーセントの算出方法がわかりません。七〇年の人生を時間に直すと六一万三二〇〇時間です。アメリカなので、一三年間毎年二〇〇日八時間学校にいるとすると、二万八〇〇〇時間で、三パーセントになります。

5……William Butler Yeats はアイルランドを代表する詩人、劇作家で、一九二三年にノーベル文学賞を受賞しました。

6……標準学力テスト（standardized test）とは、すべての受験者が同一の問題（あるいは同一の問題群から選択した問題）に同一の方法で答え、個人間の相対的な成績を比較することが目的のテスト形式です。四二ページのSAT（Scholastic Assessment Test）は大学の入試に用いられる標準学力テストの一つです。また、二二二ページの標準学力到達度テスト（Standardized Achievement Test）は、それぞれの州が生徒の学力を測るために州全体で統一して課している標準学力テストのことを指しています。

7……George Bernard Shaw はアイルランド出身の文学者、劇作家、評論家。映画「マイ・フェア・レディー」の原作『ピグマリオン』が代表作であり、一九二五年にノーベル文学賞を受賞しました。

8……一九九二年（日本ではその翌年）に公開されたアメリカのコメディー映画作品。

9……ビデオは https://www.learner.org/series/a-private-universe/ で見ることができます。

10……Seymour Sarason は元イェール大学教授。

11……Robert J. Sternberg は、IQという指標では「リアル」な世界における成功を予測することは不可能であると考え、分析的知能、実践的知能、創造的知能の三つの「成功のための知能」を設定し、知能の三頭理論を提唱しました。

12……心がいきいきと対象に向かって開かれ、好奇心が全開となった状態。

13……アメリカの日刊新聞の日曜版に付録として挟まれている雑誌のうち、配布部数と広告収入がもっとも多いもの。

14……生徒中心の学習スペースのデザインのことで、一九四〇年代にイギリスの幼児教育で始まり、一九六〇年代後半から一九七〇年代にかけて北米で広まり、二一世紀の初頭に再度注目されるようになりました。一つの大きな教室の中で能力レベルの異なる生徒集団が学び、それを複数の教師で見るという形態です。

15……Joseph K. Hart は進歩主義の教育学者であり、社会改革論者。公民権運動での役割で有名なハイランダー・フォーク・スクールの創設者であるマイルズ・ホートンに多大なる影響を与えた人物です。

第2章
生徒と学校、より大きな枠組み

いい学校に行きたいです。いい学校だったら、卒業するまで頑張れるからです。いい人生を送りたいです。なぜなら、母と同じ経験をしたくないし、母を見て学んだからです。苦労している母を見て、母と同じような経験はしたくないと思っています。

——METに出願した八年生の志望理由書より

どうか息子がよりよい未来を送れるようにしてあげてください。

——METに出願した八年生の保護者の志望理由書より

退学率、妊娠率、うつ病発症率、自殺率、殺人率など、アメリカの生徒に関する恐ろしい統計を繰り返し示す必要はないと思いますが、私が心を痛めているものを少しだけ紹介します。非営利シンクタンクであるマンハッタン政策研究所が二〇〇一年の高校卒業者を対象に行った調査によると、アメリカでは高校に入学した生徒の三人に一人が卒業できずに退学していました。なんと、三人に一人です！　黒人やアメリカ先住民族、ラテン系の生徒に関してはさらに恐ろしい数字で、およそ二人に一人です。アメリカ疾病予防管理センターの二〇〇二年の報告によると、一五歳から二四歳の若者の死因の第三位は自殺であり、一九五二年から一九九五年にかけて、青年・若年層の自殺率は三倍近くに増えています。さらに、二〇〇〇年に暴力犯罪で逮捕された一六%が一八歳以下の子どもでした。

これらの調査から、そして私たちの実感からも、退学と貧困には関係があり、暴力を受けてきたことと暴力行為を行うことの間にも関係があるとわかります。これらの問題すべてにネグレクト（育児放棄）が関係しており、もっともネグレクトを行っているのが学校なのです。**生徒は本当に助けを必要としているのに、私たちは彼らのことを知りさえしません**。だから、多くの生徒は、学校や大人が自分に対して何かしてくれるとは思っていないのです。そして、残念なことにほとんどの場合、それは事実です。

教育に携わって三五年以上になりますが、私はこの間ずっと、公教育で起こっていることに対して怒りと驚きを感じています。公教育において、私たち教師が生徒を不当に扱い、軽視していることにずっと怒りを感じ、信じられない気持ちでいます。特に貧しい生徒、とりわけ白人以外の生徒へのそうした態度に怒りを覚えます。

そして、私に見えているものが、多くの人に見えていないことに怒りと驚きを感じています。学校で実際に起こっていることをより多くの教師が理解し、変えていこうとすることで、生徒の人生がよりよいものになると私は信じています。

生徒を知ること

生徒の人生に関わる私たちは、生徒、特に一〇代の若者がいかに傷つきやすい存在であるかを忘れてはいけません。どんなに精神的に強い生徒でも、彼らが思っている以上に、私たちが必要なのです。私たち教師は、何気なく使っているちょっとした言葉やしぐさで生徒を傷つけることがあり、一度傷つけてしまうと、その生徒を立ち直らせることができないかもしれないのです。

私は、学校を退学してしまった生徒に会うと（悲しいかな、よくあることなのですが）、彼らと話をして、なぜ退学したのかを教えてもらうようにしています。学校をやめる決心をするかどうかは、さまざまな要因が関わっていると思いますが、多くの場合、「W先生に怒られたから」や「H先生がきちんと対応してくれなかったから」「校長先生に嫌な顔をされたから」といった些細なことが大きな理由なのです。**生徒は本当に傷つきやすいのです。**

今日、彼らはまた、学校のこと以外にも深刻な問題を抱えていて、想像がつかないぐらい大変な生活を送っています。ＭＥＴでは卒業要件の一つとして、七五ページからなる自伝を書くことになっています（高校生が書いた自伝だとは思えないほど素晴らしいもので、すべての自伝を掲載したいくらいです）が、多くの卒業生が自伝を書くのはとても難しかったと言います。これは、長さの問題ではなく、これまでの人生で、感じてきた痛みをもう一度思い出さなければならないことが、彼らにとって本当に恐ろしいことだからです。

生徒が本当に必要としていることから目を背けてはいけないのです。

――すべての生徒が準備万端で、やる気に満ちて学校に来てくれればいいのですが、現実はそうではありません。

教師になりたいと思っている生徒に向けたアドバイザーの言葉

つわりで吐き気を催している生徒や、親から虐待を受けて毎日違う里親のところから学校に通う生徒もいます。ある朝、自分が学校で信頼できる大人に、父親に銃を突きつけ、母親を殴るのをやめさせようとしたことを打ち明けた生徒がいました。また、別の生徒は、九歳の頃から常習していたクラック[1]の吸引パイプを教師に渡したこともありました。彼はその日もそれを使おうとしていたのですが、ありがたいことに使わずに学校に来てくれたのです。

どこにでも、同じような問題を抱えている生徒がいます。ＭＥＴが他の学校と違うところは、ＭＥＴには生徒の居場所があり[2]、学校を問題が起こるところとしてではなく、問題を解決できる場所だと捉えている点です。ＭＥＴは小さな学校で、一人ひとりに合わせて柔軟に対応することができるので、生徒が生徒として学び続けながらも、一人の人間としてサポートを受けることができるのです。生徒が学び、ベストを尽くす[3]ことができるよう、学校として支援するためには、当然、私たちはその生徒のことを知っていなければなりません。**生徒の声に耳を傾けず、興味があることも知らず、生徒の家族と関わらず、生徒の気持ちを教育とは関係がないものとみなしているのであれば、生徒を知ることなどできるはずがないのです。**教師のうちたった一人でも生徒や生徒の家族と信頼関係を築くことができていれば、その生徒が何かうまくいかないことがあったときに、学校は退学したり、恐ろしい場合には銃を向けたりする場所ではなく、逃げ込める安全な場所になるのです。

ネグレクトや虐待、薬物依存などの深刻な問題を抱えていない生徒でさえも、現在の教育制度では解決できない問題を抱えています。生徒の多様性を認め、話を聞き、生徒が自分自身を肯定的に感じることができるようにする必要があるのです。学校は、思春期特有の急激な身体的、精神的、知的変化に対して敏感でなくてはなりません。**学校は生徒にとって安心安全な場所である必要があり**、そのためには学校は生徒を見境なく罰するのではなく、明確なルールを示し、そのルールに違反した場合の結果も明確に示す必要があるのです。学校は生徒の長所ややる気を育み、支援する場所であり、生徒自身と生徒の愛する人が人として大切にされ、そして、主体的に自分自身のことや自分の将来を考え、ベストを尽くすことができる場所であると感じる必要があります。最終的に、学校や社会が自分たちのことを資源の無駄遣いではなく、貴重なリソース（資源）とみなしてくれることを生徒は願っているのです。

教育の問題は、「今日の生徒」よりもむしろ、教師にあると私は思っています。教師のもっとも大きな問題の一つは、生徒に対する評価が低く、生徒に期待していないことがあまりにも多いことです。**生徒はとても傷つきやすいと書きましたが、その一方でとても立ち直りが早く**、教師が思っているよりも責任感やチャレンジ精神があり、周りを尊重できる存在だと思います。家庭環境について話を聞くと、生徒が家での役割をしっかりと果たしているだけでなく、私が見てきたような素晴らしいことを成し遂げられることに驚かされることがあります。私が生徒と良好な関係を築けているのは、私が生徒のことを心から尊敬しているからです。すべての子どもにはある種の素晴らしさがあるのです。教育者として仕事を始めてから、私はこれまでずっと充実した、刺激的な毎日を過ごしています。なぜなら、生徒一人ひとりの脆《もろ》さを認め、支援しながら、どの生徒も本当の力を発揮できるように一人ひとりを力強く後押しする場に携わっているからです。

また、生徒は教師の態度にとても敏感です。教師が自分に期待していないことがわかると、生徒はひどく傷つくことがあります。例えば、マーサはMETに入学する前の八年生の初め頃、高校生活の計画を立てるために進路指導の教師のところに行きました。すると、その教師は彼女に向かってはっきりと「大学に入ることはできないだろうから、進学のことは考えなくていい」と言ったそうです。当然、彼女はまったくやる気をなくしてしまいました。その教師の発言は、自分の肌の色のせいだということはわかっていましたが、結果的に彼女は未来への希望をなくし、学校で頑張ることをやめてしまったのです。もしMET(あるいはMETのような学校)がマーサを歓迎し、彼女がベストを尽くして、大学に進学することを期待していなかったとしたら、彼女は路頭に迷い、薬物や暴力に走り、あるいは単に自分自身に対して嫌悪感を抱き続ける人生を送っていたかもしれません。マーサをはじめ、多くの生徒がMETに来てくれて私は本当にうれしく思っています。私たちMETの教職員は、自分たちの仕事は生徒を救うことだと考えています。

また、私は常々、**生徒に選択肢を与えることが何よりも重要だと考えています**。[4] 組織革新で著名なマックス・デプリー[5]は、その著書『*Leading Without Power*(権力に頼らないリーダーシップ)』の中で、次のように雄弁に語っています。

選択肢がないということは絶望感やシニシズムにつながる大きな悲劇である。希望がなければ、生きている意味を説明することが難しく、未来を想像することができない。希望がなければ、生徒に学校に通うということがどういうことなのか、また若い女性に一〇代で妊娠することがどういうことなのかをどのように説明することができるだろうか。

●●●

まえがきで、私が校長に就任して以来、毎週TGIFにリフレクションを書き続けていると述べましたが、今ではそのリフレクションにMETの全教職員が関わっています。METの創立後、最初に受け入れた八年生の志望理由書を読んだとき、私はその週のTGIFに次のように書きました。

TGIF　一九九六年八月一六日

つい先日、生徒の志望理由書を読んでいると、涙が出て、胸に怒りが込み上げてきました。一三歳の子どもが、きちんとした教育を受け、学びたいという願いを切実に記しているのです。にもかかわらず、優秀な生徒が何度も何度も落第するのは、彼らが言うように、「誰も気にかけてくれないから」なのです。本当に悲しいことです。この裕福な国で、子どもが見捨てられていることに憤りを感じます。私たちがしていること以上に大切な仕事なんてないはずなのに……。

どこの学校の生徒も同じだと思いますが、ＭＥＴの生徒の多くは、自らの学びに責任をもつことができますし、敬意をもって接してほしいと思っています。そして彼らが考える教育の本当の目標について言いたいことがたくさんあるのです。ＭＥＴは公立校なので抽選により生徒を受け入れているのですが、すべての志願者とその保護者に、ＭＥＴを選んだ理由を書いてもらっています。次に挙げるのは、二〇〇二年度の八年生の志願者が実際に書いた志望理由書からの抜粋です。内容が実に多様で、そのどれもが何千もの生徒の声を代弁していると思ったので、選ぶのは本当に難しかったです。抜粋には教育について生徒が言いたいことが表れていますが、実際には彼らの声は届いていません。文体や文法、表現力の点で出来すぎだと感じるかもしれませんが、それは生徒が自分にとって大切なことを書いているからです。これは、「自分の教育に対するあなたの願いを述べなさい」という意味のない問題ではなく、「リアル」なことであり、生徒はそれを知っているのです。

――少人数の方が学びやすいので、ＭＥＴは私に合っていると思います。ＭＥＴは私にぴったりです。今よりもいい環境で学べると思っていますし、プロジェクトや実習がたくさんあるので、頑張れそうです。

――正直、私はこれまでたくさん失敗をしてきました（誰でもそうだと思います）。停学になったことも三回あります。今年もあまりよくなっているとは言えませんが、いつかよくなりたいと思っています。このことが悪い印象を与えないことを願っています。

私は姉のようにＭＥＴに通いたいです。姉は毎朝五時に起きて学校に通っていますが、嫌がることはありません。私もそれぐらい学校を好きになりたいです。

ＭＥＴに通いたいです。なぜなら、今通っている学校では、課題が簡単すぎて、授業中に終わらせてしまうことが多く、自分のベストを尽くせないと感じるからです。ＭＥＴでは、インターンシップを通して自分の限界を知りたいです。他の公立高校に行くと、自分の夢や希望を忘れてしまいそうで心配です。

卒業生の多くがいい大学で学んでいると聞いたので、私はＭＥＴに入りたいです。そして、私もいい大学に入りたいです。ＭＥＴは、人生で役に立つ、いい教育が受けられる学校だと思っています。

私がＭＥＴに通いたいと思う理由は、ＭＥＴが小さな学校だからです。学校が小さいので、もっと集中して学べると思っています。先生がもっと関わってくれて、もっと丁寧に教えてくれると思います。先生には、私たちの得意なことや不得意なことまでわかってもらえるし、私のことも見てくれると思っています。

ＭＥＴは頭のいい子だけでなく、生徒全員をきちんと見てくれる学校だと感じています。ＭＥＴに通っていた友達が何人かいて、みんな「いい学校だ」と言います。彼らは今大学に行っているので、本当

──にいい学校なんだと思います。

──METに入れば、私の運命が変わると思います。METでは、生徒としての責任を果たすことが求められ、自分で学び方を決めることができます。これは、私がずっと前から望んでいたことです。

──METに入りたいです。普通の公立の学校にはない、自由があるのがいいです。それに、METでは、先生一人に対して、生徒一四人と書いてありました。今の学校では先生の数に対して、生徒の数が多すぎます。

──私がMETに入りたいと思う理由は、自分らしくいられる学校だと思うからです。

困難な状況の中でも努力を惜しまなかった生徒の感動的な話がメディアで報道されます。しかし、**間違った教育制度のせいで生徒は困難に直面しているのです**。現在の教育制度が生徒のためというよりも、むしろ害になっているため、生徒は困難を抱えているのです。生徒がどのような人物で、どのようなバックグラウンドをもっているのかを知ろうとすることから始めて、それをもとに教育制度を見直すことができれば、生徒が最善を尽くすことができる可能性はかなり高くなるでしょう。

「数学に向いていない」「理科に興味がない」「本を読まない」と言われて相手にされなかった生徒が、まったく同じ分野で驚くような成果を上げているのを、私はよく目にします。それは、彼らがすでに興味をもっていることから始めることが（ようやく）できるようになったからです。「理科嫌い」の九年生が、ある映画で人を凍らせる場面を観て、大学レベルの低温物理学のテキストを読みました。その後、その生徒は低温物理学について、驚くほど専門的なプレゼンテーションを行いました。学校のことにやる気がなかった生徒が、自分で選んだ非暴力と公民権運動についてのプロジェクトに夢中になり、毎日、放課後に残って学び始めたこともありました。ロックが好きな生徒が楽器店でのインターンで利益の計算方法を学び、友達の前で四五分間の数学のプレゼンテーションを行ったこともありました。コンピューターが大好きな、物静かな生徒が、前の学校では生徒が多すぎて、コンピューターに触れる時間がまったくありませんでした。彼はコンピューター会社でインターンを行い、知識や情熱を評価され、共同経営者のように扱われました。このような話を、私はいくらでも続けることができます。

学校の役割

思春期の生徒について話をするときに、「高校」という枠にあてはめて考えるのが私は好きではありません。「高校」という枠にあてはめてしまうと、すぐに生徒のことを考えるのをやめてしまい、授業時間、テストの点数、時間割、成績通知表、教科書、特別支援教育、英才教育などを考え始めてしまうからです。たとえ、生徒が才能に恵まれていたり、特別支援教育が必要だったり、あるいは（ほとんどの生徒がそうであるように）その両方だったとしても、**私たちが考えるべきは一人ひとりの生徒のことです**。

シーモア・サラソンはその著書の多くで、教員養成プログラムがいかに生徒を全人的に見て評価する教師を育てていないかについて述べています。彼はこの問題を、症状を治すことはできても、患者を治すことができない医師を養成する医学教育課程になぞらえています。

かつて、**「もし、学校のことよりも生徒のことを大切に思うなら、学校を変えなければいけない」**と言った人がいます。もし、皆さんが学校のことではなく、本当に生徒のことだけを考えたなら、どのような枠組みにするでしょうか？　もし私たち全員が、「最良の教授法」ではなく、学びについて明らかになっていることにもっと意識を向けたとしたら、教育はどのようになるでしょうか？

人がどうやったら一番よく学べるかを考えてみてください。私たちがもっともよく学ぶのは、自分がしていることに興味をもっていて、選ぶことができるとき、自分のしていることに意味があり、それが重要なものであるとき、自分の身体や頭を使っているとき、自分がしていることが「リアル」で、価値があるときです。

私たちは生徒に、社会に出る準備をさせたいと思っているはずです。そうであるならば当然、生徒を社会から隔離してはいけません！　例えば、一年間ずっとリングの前でフリースローの練習ばかりしていた生徒をコートに入れて、ゲームのルールがわかっていると思いますか？　思いませんよね！　わかっているはずがありません。しかし、学校ではこのようなことが平気で行われているのです。

多くの人が、標準的な教科の内容を組み合わせた統合カリキュラム（や、教科を統合したプロジェクト学習）を実施することは難しいと言います。しかし、これはおかしなことです。社会は統合されているのですから！　毎日学校で行われていることが問題なのです。学校では、社会とその膨大な知識を細分化して**教科という枠に入れ、「リアル」な世界では分けられていないものをあえて分けているのです**。数学の知識がなくて理科が学べるでしょうか？　言葉の知識がなくて、歴史が学べるでしょうか？　言葉の歴史の知識がなくて、言語が学べるでしょうか？　私が初めて四五分授業の改革に着手したのは、一九七〇年代初めのことです。そのとき私は、「リアル」な世界とは似ても似つかない建物に生徒を閉じ込め、「リアル」な世界について教えるという一〇〇年来の慣習と闘っていることに気づきました。改革とは、スケジュールの調整やカリキュラムの修正のことではなく、私たちが長い間慣れ親しんできた**学校の構造すべてを根本から見直すことです**。

——どんなに遠くに行ったとしても、それが間違った道ならば、引き返しなさい。

トルコのことわざ

実際、こんな事態に陥ってしまった経緯をほとんどの人は知らないと思います。一八九二年に、全米教育協会（ＮＥＡ）の評議会は「一〇人委員会」をつくりました。ハーバード大学の学長が委員長を務め、残る九名もその当時のエリート教育機関に所属するインテリ層でした。この小さな委員会が全米規模で高校の教育を標準化しようとしたのです。彼らはどの教科を、どのような順番で学ぶべきかをはっきりと示し、能力別のクラス編成という考えも生み出しました。また、彼らは、中等教育はごく一部の若者にしか適さないとも述べています（もちろん、自分たちの子どもはその「ごく一部」の中に含まれているはずです）。

私は彼らのことを「一〇人のギャング」と呼びたいと思います。『*Historical Dictionary of American Education*（アメリカ教育史辞典）』に「委員会は、すべての教科はすべての生徒に同じように教えられるべきであると主張した」とあるように、このギャングが画一的な教育の基礎を固めたのです。彼らの提言は文書となり、前述の辞典によると、その文書が「現在まではないとしても、少なくとも一世代にわたり中等教育のカリキュラムに実質的な影響を与えた」としています。この文書はかなり昔に書かれたものですが、この文書のことを知らないままに、ほとんどの学校がいまだに旧態依然としたカリキュラムや卒業要件の基準として、それに従っているのです。

もし全米教育協会がジョン・デューイに、アメリカの教育がどうあるべきかを問うたとしたらどうでしょうか？　デューイは、「生徒にいい経験をさせて、読み書きの仕方や考え方を学ばせよう」というような、シンプルで、賢明なことを言ったでしょう。一九三八年にデューイが書いた『経験と教育』をまだ読んでいないなら、これを機に読んでみてください。私は毎年この本を読み直すか、少なくとも下線を引いたところ（この本で引用したものもたくさんあります）を読み直しています。難解な本ですが、読む価値があります。それに、たった九〇ページです。[6]

●　●　●

——どこにでもあるような学校の教室や時間割、クラス分け、テストと進級、規則と規律などを想像してみてください。その光景を、例えば、家庭で行われていることと比べてみると、学校が他のどの社会組織と比べても明らかに違っていることがわかるでしょう。

ジョン・デューイ

産業化時代、学校教育の「近代」モデルが確立しました。その基礎となった考えは、工場で服や車を量産するように、学校で教養のある人間を大量につくろうというものでした。生徒が学ぶべき決められた量の情報があって、前に立ってそれを教えるのが教師の仕事であるという考え方だったのです。

その後、産業化社会から情報化社会へと移り変わりました。しかし、人種差別撤廃や新数学の導入[7]、科学技術の進歩のような大きな変化があったにもかかわらず、今でもかつて私たちが受けていた授業とほとんど変わっていないのです。唯一変わったことと言えば、今は生徒と教師の間にコンピューターがあることですが、経済的に苦しいかなり多くの生徒は、まだそれさえも実現できていません。旧態依然とした学校では今でも、その時代と同じように大勢の生徒を、大人や「リアル」な世界の資源や経験から遠ざけています。にもかかわらず、生徒が一八歳になったときに、大人とはどのようなものであるか、どのように働くのか、そして、「リアル」な社会でどのように生きていくのかを理解して、社会に出ていくことを期待しているのです。**社会では高校を卒業する生徒にさまざまなスキルやスピード感のあるコミュニケーションを求めているにもかかわらず、今でも学校では事実を伝達するだけの一方的な授業を行っています。**おかしいと思いませんか?

現在の学校で生徒に求められていることを考えてみてください。長時間じっと座って、主に教師が話していることを聞いて学び、当然、周りの生徒と話をすることはありません。彼らが一番にすべきことは、ただただ努力をして、学校を卒業することであり、社会で生きるためでも、ひとかどの人物になるためでもなく、次の学校に入ることなのです。彼らは、さらに多くの授業を受けるために授業を受けているのです。保護者は教師や校長と子どもの学びについて話をすることはほとんどなく、子どもが問題を起こさない限り、年に一度、参観日に学校に来るだけです。生徒にとって必ず出席しなければならないもっとも大切な日は、テストに合格するために必ず知っておかなければいけないことを教えてもらう日であり、元素の周期表を覚えたり、教科書に載っている情報をポスターにしたりすることが、生徒にとってもっとも大きなプロジェクトなのです。二、三〇人の生徒がいる教室で行われる四五分間の授業をもとにした、それぞれの教師がもつ異なる期待やイメージを考えながら、生徒はどの教師も喜ばせる方法を考えなければならないのです。

本当に問題がある場合にのみ、生徒は少人数のクラスに入れてもらったり、個別の支援計画を立ててもらったり、学んだことについて成績通知表のアルファベット表記[8]以上のフィードバックをもらったりします。最後に、現在の教育制度は授業を受けている生徒は皆同じであるという前提のもとにつくられています。そして、その生徒像は五〇年前とまったく変わっていません。すべての生徒にまったく同じ知識を教えることを重視し、まったく同じスキルを使えるようになることを期待しているのです。**世の中は変化しているのに、学校はずっと同じままなのです**。

● ● ●

数年前、「Redbook[9]（レッドブック）」誌に掲載されていた「アメリカ優良校」という記事を見ていて、その記事を書いた研究者の学校の選び方を滑稽に感じました。彼らは、総合的な実績がもっともよく、教師、教え方、テストの成績、卒業率などがもっとも優れている学校を選んだと書いていました。しかし、その記事に掲載されていた「最良」の学校の説明が、「二〇一〇人もの生徒がいる」「放課後に行われるクラブが五

○もある」「教師の七八％が大学院の学位をもっている」といった統計だったのです。その記事は、参加が義務づけられている自習時間があったり、素晴らしいゲストスピーカーを招いていたりする学校を高く評価しさえしていました。これでどうして学びの質を測ることができるのでしょうか？　学校に素晴らしい優等生のためのコースがあるかもしれませんが、私が言いたいのは、それがあるからといって、その学校が優等生のためのコースを受講していない七五％以上の生徒をどの程度サポートできているかはわからないということです。

カリフォルニア州では、州法により、高校生は年間六万四八〇〇分学校にいることが義務づけられています。何かを学んでいようといまいと、何をしているのかは関係なく、生徒は学校にいなければならないのです。単位は分です！　しかも、カリフォルニア州は例外ではなく、このように教育を測っているところが他にもあるのです。**生徒が席についている時間の長さで教育が定義されるなら、その教育は本当の教育とは言えません。**

一九九三年、当時カーネギー教育振興財団の理事長だったアーネスト・L・ボイヤーは、次のような驚くべき宣言をしています。

> 私は、この国の教育を学びではなく、授業時間数で決めてきた古いカーネギー単位[10]を葬り去るときが来たと確信しています。そして、私が現在代表を務める財団がほぼ一世紀前にこの学力測定単位をつくったので、私は今、公式にそれを廃止することを宣言する権限があります。また、私は提案されている全国学力評価プログラムは実施すべきではないと思っています。その前に、次の世紀に向けて、学校が

――何を教えるべきかを明確にすべきです。本末転倒になってはいけません。

私がこの文章を書いている時点では、ボイヤーの宣言に耳を傾けた人がいたとは思えません。アメリカの教育は本末転倒のままです。

● ● ●

私は何度も、教師や校長、教育長とミーティングをしてきました。彼らは皆、素晴らしい考えをもっているいい人たちですが、**自分自身や自分の学校に対する到達目標**[11]**があまりにも低すぎます**。彼らはできたらいいと思うことを話しますが、それまでと同じことを繰り返しています。彼らは何も変えることができないということを事実としてただ受け入れてしまっています。教師は無力感を感じていますが、それは校長も同じなのです。最近、あるトーク番組で、三年生を担当している教師が自分のクラスの生徒全員の名前を言うことができたことに、観客が歓声をあげたという話をしてくれた人がいました。以前出席したミーティングでは、自分の学校の教師全員の名前を知っていると言った教師が皆に驚かれていたことがあります。こんなことが賞賛されるような学校は、一体どれほど低い基準で運営されているのでしょうか?

――模範となる人がいなければ、人はよくなろうとは思わない。

オリバー・ゴールドスミス[12]

到達目標に関して言えば、標準学力テストについての騒ぎは一体何なのでしょうか？　この国では、自分の考えや行動に対して責任をもたない、事なかれ主義が蔓延しています。私たちは自分たちが大切だと思っていることを測っていません。**測るべきものや測りたいものではなく、私たちが測ることができるものを測っているだけなのです**。私たちは卒業する生徒に、責任感をもち、夢を叶え、いい人生を送ることができる、よき市民になってほしいと伝えています。しかし学校では、生徒が一生考えることがないようなテーマに関して、どのぐらい記憶し、選択式の問題に答えることができるかを見ているのです。

それに、すべての生徒を一つの到達目標で評価するということは、もはやこの国が目指していることではありません。さまざまな生徒がいて、さまざまな知性があり、その知性を表現する方法もさまざまであるため、たった一回の筆記テストで評価することなどできないのです。特に今日の世界では、**「誰もが学ぶべき一連の知識」といったものは存在しません**。元アメリカ労働省長官のロバート・バーナード・ライシュは、二〇〇〇年に「ニューヨークタイムズ」紙に寄稿した記事のタイトルを「One Education Does Not Fit All（誰にでも合う教育は存在しない）」としていました。その中で彼は、新しい経済にそぐわないとして、標準学力テストや標準化された教育課程の実施を激しく非難していました。次の部分を読んだとき、私は文字通り椅子から飛び上がって喜びました。

　そうです、人は読むことや書くこと、話すことがきちんとできなければいけません。そして、足し算や引き算、掛け算、割り算の仕方も知っておかなくてはいけません。しかし、多岐にわたる将来の可能性を考えると、すべての生徒が理科や代数、幾何、その他、この五〇年間でほとんど変わっていない高

校の標準カリキュラムを習得しなければならない理由はありません。

生徒が標準化された枠組みに合っていないのであれば、教育を標準化する理由はありません。そもそも、生徒が標準化されることを誰が望んでいるのでしょうか？　社会は個人主義を受け入れていますが、学校はますます標準化されていくことをよしとしているように見えます。到達目標を設定することは、より高い基準をもつことだと考えられていますが、実際には、誰もが同じ基準をもつことになっています。私たちが定めた基準により生徒が過小評価され、自信をなくしているなら、何かが本当に間違っています。**私たちはより高い基準をもつ必要があり、その基準は一人ひとりの生徒に合わせて異なったものでなければいけません。**[13] そして、本当に大切なことは、生徒がその基準を受け入れ、自分のものにすることなのです。

生徒の学びの質を評価することに関して言えば、正しい方向に進んでいます。例えば、生徒が学んだことを公に発表するエキシビションや、生徒が自分の作品の代表作を保管し、自分自身の学びが時間の経過とともに進歩していることを記録するポートフォリオ、そして生徒一人ひとりの進歩と課題について、教師が詳細にレポートを書くナラティブなどがあります。しかし、この文章を書いている時点で、これらの方法を使っている学校はまだごくわずかしかありません。また、大学の入試担当者には、合否を判定するために、そのようなより詳細に書かれた生徒の学びの記録をじっくりと読む時間や気力がないという問題もあります。このようなツールが普及すれば、個人間の比較は容易でも本質的には意味のないＳＡＴ[14]を受けるために、生徒に繰り返し問題を解かせたり、対策をさせたりする時間や費用を減らすことができます。そうすれば私たちは、合否の判断が納得のいくように、ポートフォリオやエキシビション、ナラティブをもとにした「リアル」で意味のある生徒の情報をどうしたら大学が活用できるようになるかを考え出すために、気力と資源を集中させることができるようになるのです。

●●●

ノースイースタン大学の教育学部の教授で、『*The Passionate Teacher*（熱心な教師）』や『*The passionate Learner*（熱心な学習者）』の著者である友人のロビー・フライドと共同で、一九八〇年代末に「The Challenge to Make Good Schools Great（学校をさらによくするためにできること）」という記事を書きました。残念ながら、この記事の内容は今でも通用します。その中で私たちは、旧態依然とした教育における悪者、つまり、「変化の敵」を「一二人の囚人[15]」として一覧にして紹介しました。中には見覚えのある人物がいるかもしれません。

1　惰性の王者

「昔からそうだったから正しいに違いない」と、伝統的な学校の仕組みを正当化する人。

2　州に要求する似非聖人君主

「今あるものがうまくいっていないなら、もっと要求しよう」症候群に罹っている、州法上の要求ばかりする人[16]。

3　自己防衛の先駆者

自分の立場を維持することにこだわるあまり、変化の機会をすべて摘んでしまう人。

4　うわべだけ友好的な管理職

学校改革を支持するふりをしながら、裏では改革を潰そうと暗躍している人。

5　職員室の暴君

コーヒーを飲んだり、タバコを吸いながら、毎日延々と皮肉や文句を垂れ流し、教師は信頼できず、一緒に学校をよくすることなんてできない、とひねくれた管理職に伝える人。

6　惨めな教育委員会

生徒の成績が悪いのを教師のせいにして、教員研修のための予算を削減する教育委員会の人。一〇〇万ドル規模の事業を請け負いながら、成果を改善するための研究に予算のわずか一％しか使わない。しかもそれがほとんどの学校における「教員研修」である。

7　ティーンエイジャーを腹立たしく思う人

「若者」を大切にする国のはずなのに、彼らのエネルギーや自己中心的な態度、性的欲求、可能性を恐れている人。

8　専門的知識をもっていて、自尊心の強い人

自分たちの仕事は教師に教材や指導案を与えることだと思っていて、学校を改善するために各学校が主導権を取ることに反対している教育行政の専門家。

9　万能薬売り

どの生徒にも通用するような「教師のための」教科書を売り、生徒を管理したり、カリキュラムを

「パッケージ化」したりして、シンプルで見栄えのいい、指導マニュアルを売り歩く人。

10 テスト結果中毒者

テストのために教え、標準学力テストでは測れないような学習を軽視する人。

11 教育課程の権力者

自分以外の人間を意思決定の場から排除する教科主任や部署の部長。

12 近視眼的経営者

伝統的な教育以外の経歴をもつ管理職や教師の採用を拒否し、学校から新しい才能や視点を奪う人。

なぜ学校を変えるのがそんなに難しいのか、人々は不思議に思っているのです！　結局のところ、この一二人のような人たちは、勝つために何もする必要がないのです。**何も起こらなければ、彼らの勝ちなのですから！**　この本を読んでいるあなたは、彼らの仲間では決してないでしょう。では、あなたにとって最高の学校とはどのようなものでしょうか？　有能な教師とは？　教養のある人とは？　生涯にわたって学び続ける人とは？　あなたの周りでそのようなビジョンを共有している人はいますか？　あなたの理想を実現するために、あなたに何が必要でしょうか？

もっと大きく捉えよう

私はかつてスティーブン・スピルバーグに手紙を書き、「A Nation at Risk（危機に立つ国家）」という報告書[17]にある恐ろしい統計を、実際の学校に通う生徒の生活の中で表そうとしたらどうなるのかを描いた映画を撮ってほしいと頼んだことがあります。私がつくってほしかったのは、もっとも伝統的な学校で習慣的に行っていることでさえも、いかに生徒を軽視し、無視し、虐待さえしているかを明らかにする映画でした。この映画は、学校が生徒の学びたいという気持ちをそぎ、直接的および長期的に影響を及ぼすことを描いたものであり、大人になってから発生した問題や早死にのかなり多くが、生徒の学校時代に起きたこと（あるいは起きなかったこと）に、部分的にでも、起因していることを描いた作品です（スピルバーグからはまだ返事がありませんが、おそらく誰かがこの本を彼に見せてくれて、やる気になってくれることでしょう）。

確かに、「教育に熱心な大統領」はいましたし、「新数学」もありました。そして今、アメリカの学校では「どの子も置き去りにしない」[18]と声高に言っています。しかし、私たちがしていることは十分と言えるでしょうか？　私はそうは思いません。もしそうであれば、画一的な一斉指導はしていないでしょうし、時代にそぐわない古い校舎で教えていないでしょう。そして、学校で落ちこぼれてしまっている生徒がかなりいるという事実に目をつぶったりはしないでしょう。毎晩、映画のように統計の数字が頭の中で展開され、何とかしようと思うでしょう。

今流行りの「改革」がうまくいっていないのには理由があります。全国一律の到達目標では、貧富の差や白人と白人以外の差を埋めることはできないでしょう。なぜなら、その到達目標が見当違いの問題を対象にしているからです。**確かに、すべての学校は生徒が知識を身につけることができるようにしなければいけませんが、同時に生徒が自分自身を信じ、他人を信じ、学ぶことが好きになるようにもしなければいけません。**生徒のこうした資質を伸ばすことを教育改革の目的とするなら、生徒は私たちが望むスキルを身につけるはずです。そして、それらの資質は、医者であろうと、溶接工であろうと、幸せでベストを尽くすことができる人がもっている特徴なのです。人は、自分自身と自分の能力、そして他人の価値を信じることができれば、仕事においても、人生においてもうまくいくものです。これが、ベストを尽くすための原動力となるのです。自分自身と他人を信じ、学ぶことが好きになるのは、「簡単」なことではなく、読んだり計算したりできるようになるよりも、ずっと難しくて、複雑だと言えます。そして、それらは筆記テストで測ることが難しいため、学校では無視されてしまうのです。

——何よりも身につけなければならないのは、学び続けたいという姿勢である。

ジョン・デューイ

毎晩、若者に関わる恐ろしいニュースが報道されています。その多くは、もし生徒がもっと小さな学校に通っていたら、もし彼らが毎日学校でしていることが大好きなことだったら、もし地域の大人がたった一人でも彼らのことを支えてくれていたら、もし誰かが彼らのことを気にかけ、彼らの日常で起こっていることを理解しようとしてくれていたら、起こらなかったかもしれないのです。

一日の終わり、一年の終わり、あるいは卒業を迎え、生徒が学校を去るときに、学んだことを使って、テストに合格する以上のことができるかどうか誰も尋ねません。学んだ知識を「リアル」な生活に活かせるかどうか、誰もその生徒に尋ねないのです。最終的に、「トリビアル・パスート」[19]が得意になったかもしれませんが、私が知りたいのは、その生徒が**学ぶことが好きになったか**どうかであり、学校の外でも**学び続けるかどうか**です。

ロードアイランド州初等中等教育局が二〇〇三年に行った調査によると、個人的な問題や家庭の問題を「ほとんどの場合」または「いつも」教師に気軽に相談できると答えたMETの生徒の割合は、州全体の平均の約三倍であることがわかりました。[20]「でも、学校は社会福祉施設ではないので、生徒の個人的な問題まで立ち入るのは教師の仕事ではない」と多くの人が言うのもわかります。私もその通りだと思います。私も、私たちの仕事は、生徒に新しいことを教えたり、よりよく考えさせたり、より「賢く」なるようにすることだ、と言えるようになりたいです。しかし、もっと大きな視点で見ると、**学びには、私たちがMETで「三つのR」と呼んでいる、関係性（Relationship）、関連性（Relevance）、深い学び（Rigor）が欠かせないのです**。関係を築いたり、物事を関連づけたり、深い学びを期待するには当然、生徒のことをよく知っておかなくてはいけません。

笑い話のようですが、学校は、生徒はもう学ぶ準備ができていて、自分たちは教えるだけでいいと思っているのです。もしそれが本当なら非常に喜ばしいことですが、実際には、生徒の心には、学校のことだけでなく、もっと多くのことが渦巻いています。ですから、知識だけでなく、生徒の心も育てなくてはいけないのです。そのためには、まず頭も心も整っているかを確かめなければいけません。それができて初めて教えることができるのです。学校を出たら、世の中には生徒の生活を脅かすものがたくさんあるので、私たちは学校を生徒にとって安心できる場所にしなければならないのです。学ぶ準備ができていない生徒に教えることはほぼ不可能ですが、心ここにあらずといった生徒に教えることは絶対に不可能です。[21]

学びを深めるための問い

1 「リアル」な世界に出ていく生徒にどのような準備をさせたらよいのでしょうか？　そもそも、「リアル」な世界とは何でしょうか？　すべての生徒が学ぶべき、あるいは知っておくべき「リアル」な社会のスキルや知識をいくつか挙げることができますか？

2 私たちの社会が、学校よりも生徒を大切にするという考えをもつためには、何を変える必要があるでしょうか？

3 「世の中は変わっているのに、学校は変わっていない」という主張について、考えたことはありますか？　学校が世の中の変化についていくために、私たちが今すぐできることは何でしょうか？

4 すべての生徒が学ぶべき一連の知識はあると思いますか？　もしあるなら、その知識とはどのようなものでしょうか？　また、すべての生徒が確実にその知識を身につけるために、学校はどのような行動をとるべきでしょうか？

5 自分を信じる力と学ぶことを好きになることが、学校が教えるべき重要な能力であると考えるなら、あなたはどのようにそれを教えますか？

6 なぜ生徒は学校をやめてしまうのでしょうか？　高校を中退した人を知っているなら、その人は学校をやめてからどのような経験をしましたか？　退学者への対応について、学校と社会は

7　何を変える必要があると思いますか？
素晴らしい学校の定義やビジョンとはどのようなものですか？　また、その質はどのように測りますか？


1……コカインから作る純度の高い麻薬。

2……このテーマに特化した『「居場所」のある学校・学級づくり（仮題）』（ローリー・バロン＋パティ・キニー著、新評論、二〇二二年刊行予定）で多様な方法が紹介されていますので、参照してください。

3……原文ではsucceedですが、英語のsucceed（success）は日本語では「成功する」よりも「ベストを尽くす」という意味に近いと考えられます。「自分の望むような生き方をする、自分に高い目標や基準を設定し、それに向かって努力していく生き方に充実を感じる」というイメージです。本書の翻訳協力者の一人からも、日本語の「成功」は、社会的、経済的に成功すること、つまり、高学歴で高収入で何不自由ない生活を送っていることというイメージを強く喚起するのではないか、という指摘がありました。

4……「この文章は大事なポイントなので、太字にしてほしい」というコメントが翻訳協力者からあり太字になりました。また、ここでは人生の岐路に立つような極めて大きなレベルの選択肢が扱われていますが、同じことは日々の授業レベルの選択肢にも言えます。『教育のプロがすすめる選択する学び――教師の指導も、生徒の意欲も向上！』（マイク・エンダーソン著、新評論）を参照してください。

5……Max De Preeはアメリカのビジネスマンであり、作家。ハーマンミラーオフィス家具会社の創設者であるD・J・デプリーの息子で、兄弟であるヒュー・デプリーと共に、一九六〇年代初頭に同社のリーダーに就任し、一九六二年にCEO兼社長に就任しました。

6……講談社学術文庫版では一七六ページ。

7……アメリカで提唱された未成年者向けの数学教授法。

8……アメリカでは優秀なものから順にA、B、C、D、Fの五段階で評価します。

9……ハースト社によるアメリカの女性誌。二〇一九年に紙版は廃刊しており、現在はウェブ版となっています。

10……中等学校において一科目を一年間履修した場合に与えられる、大学入学に必要な基準となる授業単位。

11……原語はstandardで、質的な、達成したいものをまとめたもののことです。日本では、学習指導要領がこれに相当します。

12……Oliver Goldsmithは『ウェイクフィールドの牧師』や『負けるが勝ち』で知られたアイルランドの劇作家。

13……翻訳協力者曰く「先生たちは、とても低い基準をもっていると、私も常々感じます。ゼロ、もしくはゼロにならないような基準をもっている」。

14……Scholatic Assesment Testの略。非営利法人カレッジボードの標準学力テストで、アメリカの大学に入学するための重要な判断材料の一つ。

15……戦争映画「特攻大作戦」に出てくる登場人物に例えています。一九六五年に発表されたE・M・ナサンソンの小説『十二人の囚人兵』を原作としています。

16……アメリカの教育に関する裁量は、国はほとんどもっておらず、州レベルにあります。基礎自治体の教育委員会や学校の裁量も、日本とは比較にならないほど大きいです。

17……一九八三年にアメリカの教育の危機的状況を訴えた連邦報告書。これをきっかけに全国的な教育改革運動が起こりました。

18……学力格差是正のための連邦教育法「どの子も置き去りにしない法（No Child Left Behind Act）」がブッシュ政権下の二〇〇二年一月に制定され、二〇〇二年度から実施されました。

19……プレイヤーの一般的知識や文化に関する知識を問うようなクイズで勝敗が決まるボードゲーム。「Trivial Pursuit」で検索すると、日本でも購入できます。

20……原注・この調査は、ロードアイランド州教育省のSALT（School Accountability for Learning and Teaching）プログラムにおける「自主研究」の一環として、生徒、教師、保護者の学校に対する考え方や経験などを調査するもので、毎年実施されています。ここに引用した統計は、"2003 Selected School Climate Students' Report of Usage and Helpfulness of School Services [ST-H-C.5]" から引用したものです。METおよび他のロードアイランド州の学校の現在および過去のSALT調査の結果データは、ロードアイランド州教育省から入手できます。

21……ここに書かれている「心」というか感情や人間関係の大切さが認識され始めたのがちょうど本書の執筆時期である二〇〇〇年代の初頭にあたります。二六一ページで紹介している『感情と社会性を育む学び（SEL）』関連の本が参考になります。

第3章
雰囲気と学校文化

君のような誰かが、その醜い事態を気にかけない限り、
何もよくなることなんてない。それは絶対だ。

——ドクター・スース

〔Dr. Seuss はアメリカの絵本作家。
本名は、セオドア・スース・ガイゼル〕

「ミネソタ州の学校でハグを禁止」

二〇〇一年二月二七日　ミネソタ州ピークォット・レイクス

ピークォット・レイクス校の教師がハグをしないよう生徒に命じた。これまで普通に交わされていた挨拶であるハグを禁止することにしたのだ。校内でハグをした生徒は叱責され、一日に三回、または週に四回叱責された生徒は停学処分になる。

学校の管理職は、ハグを性的なものとして捉え、不必要であると考えている。一方、生徒の中には、ハグは感情表現であり、ハグによって気分がよくなるという声もある。

校長は、次のように言う。「取り締まっているので、ハグが蔓延することはありません。ハグには学校の雰囲気を変えてしまう傾向があります」

AP通信より

私は一六歳から二〇歳までミシガンのサマーキャンプで働きました。自然に囲まれていて、ずっと遊んでいられるということはもちろん、この環境にはそれ以外に何か特別なものがあると気づいていました。キャンプで私たちはよくハグをしました。スタッフはいつも、キャンプの参加者にハグをしていました。参加者も互いにハグをしていましたが何の問題もなく、楽しく過ごしていました。彼らはたくさん笑い合い、学んでいました。参加した子どもはスタッフが自分たちのことを気にかけてくれているとわかっていました。

学校で不適切な身体接触の事案が起こっているということは私も理解しています。相手を貶《おとし》めたり、傷つけたりするためにつけ込む人がいるということでしょう。しかし、世界中で人々がハグをしていますが、果たしてそのうちどのくらいが不適切であり、罰せられなければならないのでしょうか？　**例外に基づいてルールをつくるべきではありません**。人間らしく、互いへの愛情をハグという形で示した生徒を罰することはできないのです。

ハグを禁止するルールを見ると、私たちが信頼できる学校環境を求めるがゆえに、疑念に満ち非協力的で馬鹿げたルールや枠組みをつくり出してしまっているということがよくわかります。学校の雰囲気は、学びを支えるものでなくてはなりません。学校文化は、生徒と教職員の敬意と信頼のもとに築かれなければなりません。

学びを支える雰囲気をつくる

かつて、ある生徒がこう言うのを聞いたことがあります。「学校ではトイレに行くのに許可が必要なんだ。そんな僕でも午後三時にはマクドナルドでマネージャー補佐をやっているんだよ」

私たちは生徒に何を教えているのでしょうか？　私たちの学校をどれだけ「リアル」な世界と違ったものにするつもりでしょうか？　許可制も、チャイムも、校内放送も、失礼なやり方です。生徒に、「四五分経ったから、そこで学びを中断しなさい」と指示するのも大変失礼なことです。教師としてやろうとしていることに反しています。かつて訪問した学校で、一人の生徒をシャドーしたことがあります[1]。隣に座ったり、廊下を一緒に歩いたりしながら、その生徒に対する敬意と信頼が欠如していることをはっきりと感じました。一日の終わりには、疲れ果て、何が何だかわからなくなり、過去数年間でもっともひどい頭痛に襲われました。生徒に対して教師がいかに一方的に話をしているかに気づき、また教師の都合で特に意味もなく、生徒のしていることを止めたり、強制的に始めさせていることが信じられませんでした。その生徒の一日のうちに起こったことは、それぞれまったくつながっていませんでしたし、自分の存在が価値のあるものであり、自分の声がしっかり聞き入れられているとその生徒が思えるような出来事は何一つありませんでした。[2]

●●●

一九七二年に私がロングアイランドのショアハム-ウェイディングリバー中学校（以下ショアハム中学校）で校長として働き始めたとき、心理学者であり、作家でもあるレオナルド・クラズナーから学校環境研究のためのインタビューを受けました。彼は一九八〇年に著書『*Environmental Design and Human Behavior*（環境デザインと人間の行動）』の中で、ショアハム中学校は「ジョン・デューイの実験学校以来、学校という設定の中でデザインされた環境をもっとも画期的に活用していると言えるかもしれない」と述べており、私はそれを非常に誇らしく思いました。クラズナーが私にした質問の一つは、典型的な中学校の校長が設定する目標と、私の目標がどう違うかというものでした。私は彼に、**自分の学校には典型的な学校よりももう少し人を大切にしてほしい**と答えました。そのくらいシンプルなことです。つまり多くの教師は、ほとんどすべての学校を取り囲んでいる堅苦しく冷たい雰囲気からどうやって抜け出したらいいのかわからずにいるのです。しかし、キャンプで働いていたときにすでに気づき、一九七二年にクラズナーのインタビューを受けて以来、私が言い続けていることは、学校を変えるには、まず学校の雰囲気を変えることから始めなければならないということです。どんな学校にしたいかがあなたの中で明確になったら、一番重要な課題として、雰囲気を変えることに全力を注ぐべきです。

『*Successful Schools for Young Adolescents*（思春期の生徒にとっての「いい学校」）』の中で、ジョウン・リップスィッツは自分が調査した四つの「いい学校」に共通するテーマとして学校の雰囲気が重要視されていることを指摘しました（当時、私はすでに校長職からは退いていましたが、ショアハム中学校はその四校に入っていました）。そして、その著者は「この四校は、初めから前思春期[3]の生徒が個人的、社会的に成長するように、ポジティブな環境を築こうと考えていました。ポジティブな環境は学業によい影響を与えるだけでなく、本質的に価値があるからです。つまり、ポジティブな環境を、目的を達成するための手段であると考えるのではなく、**ポジティブな学校環境そのものが目的であると信じていた**からです」と結論づけました。

――混沌と規律のどちらかを選ぼうとするのをやめて、その境界での経験を楽しみなさい。そこには、休息と行動が共にあるのだから。

ライナー・マリア・リルケ[4]

一九八一年に私がニューハンプシャー州のセヤー高校の校長に就任したとき、夏に開いた、保護者、生徒、教師との会合で、何よりもまず先に雰囲気をよくしないといけないと誰もが私に言いました。

もっとも簡単なのは学校の目に見える部分から始めることでした。テーブルには穴があき、ロッカーは壊れていて、落書きもあり、食堂の天井にはフォークが突き刺さっていました。もし、『Doc』[5]を読んだことがある人や、セヤー高校についての映画「A Town Torn Apart[6]（引き裂かれた町）」を観たことがある人なら、ペガサスについてご存じでしょう。退学した経験のある生徒が、食堂の壁に信じられないようなペガサスの絵を描いたのです。それは、学校をきれいにし、毎日を過ごすのにもっと活気に満ちた場所にするためのプロジェクトとしてその生徒が取り組んでくれたものです。誰もペガサスの絵が食堂の壁にそのまま残るとは思っていませんでした。中にはこの絵がめちゃくちゃにされるまでどのくらいかかるか賭ける生徒までいました。今では、映画を観た人が私のところにやってきて、まだペガサスの絵がそこにあるかと尋ねます。この本を書いている時点では、ええ、変わらずありますとも！

もう一つ、セヤー高校ですぐにとりかかったことは、一日の始め方を変えることでした。ほとんどの学校では、生徒はホームルームで名前を呼ばれるまで（あるいは金属探知機[7]を通過するまで）、学校に来ているかどうか気にもとめられていません。セヤー高校では、登校してくる**生徒に挨拶をしていました**。私たちが生徒に会えてうれしいと思っていること、生徒がまた今日も私たちのところに戻ってきてくれてうれしいと思っていること、生徒が学校に来るのが大切であることを伝えるためにそうしていたのです。ジョージ・ウッドは、この実際の様子を自身の著書『*Schools That Work: America's Most Innovative Public Education Programs*（うまくいっている学校——アメリカのもっとも革新的な公立学校教育プログラム）』の中で次のように描写しています。

セヤー高校では、どの生徒も登校時にデニスと教師たちからの挨拶を受けます。集団の中でもデニスだとわかる声で話しかけます。「やあ、ティミー。元気かい？　B先生の授業ですごくいい発表をしたんだってね。何を企んでいるんだい？　お兄ちゃんを困らせるなよ」「おいで、シェリー。動きがゆっくりだね。今日はいい日だね。笑ってごらん。そうだよ」「スティーブ、どこでフリースローを習ったんだい？　昨夜のはミスショットだったね。放課後、ちょっと一対一でやってみない？」。誰もが、デニスから元気になるような一言をもらい、肩を軽く叩かれ、笑顔を向けられて通っていきます。これは他の教師でも同じです。実際に職務として行っているのは一人か二人だけです。それ以外の教師は、生徒が学校にやってくるのをただ出迎えようと思って自らそこにいるのです。

これは難しいことではありません。

他にも学校の雰囲気に根本的に影響を与えるもの（教育において私たちが実際にしていることのほとんどがどんなにバラバラであるかを示すもの）があります。四五分授業にこだわっていることです。**学びとは、四五分のかたまりや限定された教科に分けられるようなものではありません**。教育関係者に講演するときによくこう問いかけます。「もし、自分の子どもがホームスクーリングをしていたら、キッチンに座らせて四五分間数学を勉強させ、ベルを鳴らし、居間に移動させて理科を勉強させて、またベルを鳴らし……ということをしますか？　そんなことはしないでしょう。一緒にやった方が意味のあることはきっと一緒にやるでしょう。家では決してベルを鳴らしたりはしません」

ショアハム中学校とセヤー高校では、チャイムを廃止しました（METにはそもそも最初からありません）。チャイムを廃止したことによって、いい影響が見られました。例えば、教室での議論が深まっているときにタイミング悪くチャイムによって邪魔されることがなくなりました。セヤー高校では、休み時間に廊下などで起こる混雑を緩和することにもつながりました。全校生徒三〇〇名が同時に廊下にあふれ出すことがなくなったからです。チャイムがなければ、（たとえ短時間であっても）生徒がやるべきことを終えたら、教師は授業を終えることができます。チャイムで知らされる決められた時間に従っていると、生徒が話したり、聞いたりしている最中に授業を終えることになるかもしれません。チャイムがなければ、一人ひとりが時間を意識して行動し、何をすべきか、どこに行くべきかをいちいち指示されなくて済みます。つまり、そのことによって、学校にいる人全員を尊重していることを示せるのです。

●●●

もちろん、学校の雰囲気をよくするためには、教師と校長から始めなければなりません。学校を見ていると、生徒が集まってくるのは、自分がしていることにワクワクしている教師です。そして、生徒が成功しているのはそういう教師が大勢いる学校だということがわかります。大切なのは、どんなことでもできるだけおもしろおかしく楽しめるようにしておくことです。**おもしろさと幸せ**は、いい学校の要です。実際、どんな組織にもそれはあてはまります。一生懸命働いているときに楽しむことができなかったら、何かが間違っています。そして、私にとっては、困難なことでさえ、一緒に頑張っていれば、おもしろくて、大切なことになります。

——自分がしていることが大好きで、それに価値を見出していたら、それ以上におもしろいことがあるだろうか？

キャサリン・グラハム[8]

仕事と学校に対する教師と校長の態度は、生徒の日々の経験に大きな影響を与えます。**共有された理念**を構築することも、もっとも重要な土台となります。学校の理念を信じていない人が一人でもいたら、私たちは一貫性を失い、お互いに反発し合いながら仕事をすることになってしまいます。私たちが全員同じでなければならないという意味ではありません。実際、私たちが多様であれば、それだけさまざまな生徒のニーズにうまく対応できます。しかし、私たちは皆、なぜここにいるかについて同じ考えをもっていなければならないということです。

教師は自分の役割を、生徒の能力を伸ばすことだけでなく、人生の歩み方の手本を示すことでもあると考える必要があります。自分がしていることを楽しんでいたら、生徒は必ず応えてくれます。ショアハム中学校の教師の一人がかつて私にこう言いました。「**仕事に来るのが大好きなんです**。ここの雰囲気がとても明るいから。私に家のような居場所を与えてくれて、その家を切り盛りする方法をしっかり教えてくれました」。彼女が学校を好きでいてくれることに、私や同僚、そして生徒も感化されました。まさにラルフ・ウォルドー・エマソン[9]が言うように、「熱意がなければ何事も達成できない」ということです。

教師が自分の仕事をおもしろいと思うことが重要であると述べてきましたが、生徒の日々の経験にも**おもしろさ**を重視する必要があります。アメリカのほとんどのサマーキャンプで「クレイジーハットデイ（おもしろ帽子の日）」や「バックワーズデイ（逆さま服の日[10]）」があるのはなぜでしょう？　それはもちろん、効果があるからです！　このようなおもしろい取り組みがきっかけで、生徒が他の取り組みにもやる気を出すことがあるからです。学校がこういうおもしろい取り組みを頻繁にやらない理由は、生徒指導上の問題が起きてしまうかもしれないと恐れているからだと私は考えます（子どもが授業中もおもしろい帽子をかぶったままでいたらどうしようと心配しているのです！）。

——遊び心がありながらも真剣であるのが、理想的な精神状態である。

ジョン・デューイ

●●●

他の学校の生徒が、「学校の準備は簡単だ。だって、毎日同じだから」と言うのを耳にすることがあります。セオドア・サイザー[11]がMETを訪問したとき、ある生徒が彼に、「学校を休んだら何かをしそびれてしまうから、休むことなんてできない」と言いました。学校が**毎日違ったことをする**ところだったら、おもしろいでしょうし、生徒はワクワクしながら学ぶでしょう。それを実現するためには、**祝う**ということを学校の文化として根づかせることが重要です。私は何か特別なことを用意しなければならないと思っています。あらゆることを、大げさなくらいポジティブにしなければならないということです。ほとんどの学校は、祝日、卒業、プロム[12]などの基本的なことを祝っているだけです。

祝典や式典、儀式は、学校文化を強固にします。その中に学校が大事にしていることが表れるからです。

実際、METでは、一人ひとりの生徒に「ハッピーバースデイ」を歌い、一人ひとりをどれほど大切に思っているかを伝える誕生日カードをプレゼントします。生徒はこういったことを覚えていてくれます。自分に対して「ハッピーバースデイ」を歌ってくれたら、「この学校は、自分のことを認めてくれている」と思うでしょう。METでは、一人ひとりの生徒の成果も祝います。大学合格も祝います。一〇年生から一一年生への進級を成長の大きな節目だと捉えているので、「進級式（Gateway Ceremony）」を開いて祝います。METの最上級生は二つの卒業式に出席します。一つは家族のための卒業式（ほとんどの下級生は参加しないもの）で、もう一つは学校全体で集まって卒業生の成果を祝うものです。二つ目の卒業式は下級生が卒業生にお別れを言い、卒業にどんな意味があるのかを知る機会でもあります。

学校の雰囲気をよりよくするものは、他に何があるでしょうか？　民主主義はどうでしょうか？　生徒がなぜ自分自身の毎日をコントロールできないと嘆くのか、私は理解できます。従来の学校では、生徒は発言権がまったくないからです。学校の運営、規則、カリキュラム、生徒の扱い方、お金の使い方、時間の使い方について、声をあげることがないのです。市民が自分たちに変化をもたらす力があると思えないのも納得できます。私たちのほとんどが、選挙権を得る一八歳まで、日々の大半を学校で過ごします。しかし、生徒は、その学校に影響を与えるような決定に対して、発言することはまったくありません。

民主主義について学び、どのように民主主義に参加し貢献するかを学ぶためには、**生徒は民主的な環境の一部でなければなりません**。しかしながら、生徒が自ら声をあげることができるようにするためには、ただ単に学級委員を選出したり、生徒会を組織したりするだけでは十分ではありません。METを訪れた人が皆、学校のあらゆることに対して、生徒が声をあげることができると感じていることに注目しました。その通りです。これは多大なる努力の賜物ですが、生徒が自分たちにとって重要な存在であることを時間をかけて話し合ってきたことと大いに関係があります。学校に関する問題について決断しなければならないとき、全校が参加する「タウン・ミーティング」[13]を開きます。これは、「会議ごっこ」ではなく、本物の会議です。生徒（つまり、市民）が議論を進め、「まち」の問題をどう扱うかについて誰もが発言します。この会議では、規則や問題の解決策が単に教職員から指示されるのではないと実際に感じられます。METでのタウン・ミーティングを見ると、まさに民主主義が実際に体現されているのがわかります（もちろん、こういった取り組みは、実際に一人ひとりの声を聞くことができるので、小さな学校で行う方がずっと簡単にできます）。

では**思いやり**はどうでしょうか？　セヤー高校にいたある女子生徒は、おそらく本当に困った生徒の一人で、うんざりするような生徒でした。結局、退学してしまいました。数年後、食料品店で二人の子どもを連れた彼女を見かけました。そのとき、私たちは驚くほど素敵な気持ちのいい会話ができました。彼女とこんな気持ちのいい会話ができるなんて、彼女が生徒だったときには思いもしませんでした。そのとき、今まで彼女に示してきた思いやりや敬意がやはり彼女に影響を与えたのだと気づきました。彼女が学校にいたときには、思いやりや敬意をもって接してもうまくいきませんでしたし、結局、困った生徒のままで退学してしまいました。しかし、その思いやりや敬意は何らかの形で彼女に届いていたのでしょう。もし、私たちが思いやりと敬意をもって彼女に接していなかったら、おそらく今ほど素敵な大人、そして素敵な母親になっていなかっただろうと思いました。

教師はできる限りのことをします。もちろん、生徒の人生にはさまざまなことがあって、それらすべてを私たちが解決できるわけではありません。しかし、思いやりと敬意をもって生徒に接していたら、本当の意味で彼らを損なってしまうことはありません。たとえ、退学したり、刑務所に入ったりすることになってしまったとしても、です。彼らの心の中にはあなたが与えたものがあるはずです。きっと、刑務所に入ることになってしまった生徒も、そのおかげで、いい受刑者になっているはずです。二五年ほどして刑務所から出たときには、もっといい人間になっているはずです。

私が大切に思う学校は、**生徒が安心と安全を実感できる学校**であり、そこでは思いやりが重要です。METのあるアドバイザーが、私に一人の生徒の話をしてくれました。彼女は仲間の前に立ち、自分が二分脊椎症[14]であることを告げました。彼女が生きてきた一五年間で、自分の状態を誰かに打ち明けることができるほど、安心でき、安全であると感じたことはありませんでした。

これが学校のあるべき姿です。生徒が学び、育ち、人生を経験することができる安心安全で互いを大切にする環境を築くことです。私の両親が、METで校長として働く私を初めて訪ねてきたとき、学校の中に友愛の雰囲気を感じるといつまでも言い続けていました。いくつになっても「自分の子ども」が安心安全で、楽しい、親密な環境にいるのを見て心安らぐというのは素敵なことです。ほとんどの生徒の保護者が、私の両親と同じように感じてくれています。実際、二〇〇二〜二〇〇三年のロードアイランド州教育委員会の調査によると、アメリカ全体では、「子どもが通う学校は安全である」という項目に同意している高校生の保護者は三五%である一方、METでは七九%でした。

学校の雰囲気は、非常に重要です。そして、ここで私が議論してきた問題は、ポジティブな雰囲気をつくり出し、維持していくために、どれも同じように重要です。重要なことがすべて実現されたら、学校はさながら**素晴らしい新聞社のようになります**。誰もがワクワクしながら、忙しく働いていて、協力し合ったり、あるいは一人で、目的と情熱をもってプロジェクトに取り組んでいます。

典型的な校長は静かな廊下を歩きながら、満足げに腹を撫で、誇らしく微笑みます。私にとっては、**静かな学校なんて学校ではありません**。デューイはこのことについて素晴らしいことを言っています。第一に、「従来の学校が非社会的であるとされるのは、静かにしておくことをもっとも重要な美徳の一つにしているためである」[15]。しかし、もっとよく言い表している言葉はこれです。「静かにおとなしく従うことを強制すると、生徒は自分たちの真の性分を表に出すことができなくなってしまう」[15]「静かにするよう強制されること」によって、生徒がありのままの自分でいられなくなるだけでなく、教師も生徒がどんな子であるかを見出すことができなくなり、その結果、学びを阻害してしまいます。**コミュニケーションは、教育の生命線です**。METを表す表現で私が気に入っているのは、「現在進行中の会話」です。学校を訪れる多くの人々が、METのことをこう呼びます。私の友人で、著名な学校長であり教師であるデボラ・マイヤー[16]はMETを訪れた後に次のように書き、学校の核心に迫りました。

私が出会った若者たちは、学習者として、自分たちに関わるどんな話題も躊躇なく私に話してくれました。自分たちを取り巻く世界については言うまでもなく、自分自身や学校についてもです。彼らとの会話は、まるで同僚と会話しているかのようでした。このような、気楽だけれどお互いを尊重し合っている会話が学校中で行われているのを見ました。この学校は、ここに自らやってくる人々の間で交わされる大きな会話そのものです。ここにやってくる人々は、知的にも感情的にも刺激のある環境だからこそ、毎日このコミュニティーに集まりたいと感じています。

●●●

二〇〇〇年頃、アラン・アルダ[17]に会い、彼と教育について話をする機会がありました。そのときに、METについて彼に説明すると、彼は自分や多くのコメディアンがキャリアをスタートした、シカゴにある即興劇団のセカンド・シティのことを思い出しました。セカンド・シティに入団する人は皆、すでに素晴らしいコメディアンだったと彼は言いました。しかし、セカンド・シティという環境は、一人ひとりがもっと没頭し、荒々しく、逞《たくま》しくなるような、さらに成長できる環境でした。この話を聞いて、素晴らしい学校の環境が生徒や教師のためにしてあげられることを示すいい例えだと私は思いました。学び続けることができ、リスクをとることや情熱、関わりを強化するような環境では、優秀な人材はさらに素晴らしい人材になります。コメディーであろうと、教えることであろうと、学ぶことであろうと、好きなことができる（適切な）環境を与えて、成長するのを待つだけで、ごく普通の人が素晴らしい人になるのです。

新設校の開校日という特別な日であろうと、いつも通り学校の門を開ける普通の日であろうと、いつでも学校には学びを促す雰囲気がなくてはいけません。私たちはただ、そのふさわしい環境の中で最善を尽くすのみです。校舎そのもののデザインも、できる限り学びを促すものでなければなりません[18]。学校の中で私たちがすることはすべて、**人がどうやって学ぶのかについての知見を活用したものでなければなりません**。[19] つまり、学校の日々の雰囲気や学校生活を通じて築かれ、引き継がれていく学校文化全体が大切なのです。

ポジティブな学校文化を築き耕す

個別化された学校の基盤に人間関係は不可欠です。そして、お互いを信頼し尊重し合う文化を育むことなしに人間関係を築くことはできません。METを訪問した人は、生徒が大人に対して、あるいは生徒同士で示す敬意のレベルの高さに驚きます。その要因は、何よりもまず教職員が生徒に示す敬意のレベルが高いからです。このことは、学校の雰囲気から感じ取ることができ、学校文化そのものの基盤として初めから築かれたものなのです。

アメリカの教育では、「敬意」と聞くとほとんどの人が、生徒が教師を名字で呼び、「はい、先生わかりました（yes, sir）」と言ったり、教師や校長の前でおとなしくしておくということを思い浮かべます。私にとっての敬意とは、生徒や保護者、校務員など、あらゆる人やあらゆるものに向けられるべきものです。私たちは他者、自分自身、そして学校の校舎に対しても敬意を抱き、それを表さなければなりません。**生徒が敬意を払うようになるには、彼ら自身が敬意を払われていると感じていなければなりません**。生徒に敬意を払うとは、生徒自身に関わる物事について生徒に選択する機会を与えて実際に判断させ、何よりも私たちが生徒の可能性を信じることです。

生徒に敬意を示し、生徒が過ごす学校での時間を有意義なものにすれば、従来の学校があてにしてきた規則がなくても、安心して生徒の行動を見守ることができます。METの文化は敬意と信頼に満ちており、それによってポジティブな行動が生まれています。私たちはときどき、それを当たり前のことだと思ってしまいますが、一歩下がって見てみると、METで起こっていることが驚くべきものだということがわかります。METに入学する前の八年生のときには大変な厄介者だった生徒に、なぜMETでは順調に頑張れているのか尋ねてみたことがありました。彼女がはっきりと次のように言うのを聞き、私はうれしく思いました。「この学校に初めて登校したとき、一二年生たちの姿を見ました。一二年生がどう振る舞っているのかを見て、私も同じようにしました」。教職員は生徒にとって手本となる人であり、生徒同士もお互いに手本となっているのです。新入生はすぐに学校でのかっこいい振る舞いを学びます。そしてすぐに、敬意を示すのはかっこいいことだと思うようになります。

私がいつも伝えていることであり、私たちが知っておくべき本当に大切なことは、**学校の文化を継承してくれる**のは上級生だということです。知り合いのある校長が新しい校舎に移転しようとしていたときのことです。私は彼に、新しい学校の文化をどのようにつくるつもりなのかと尋ねました。すると、「心配しなくていい。新校舎に引っ越したら、集会を開く予定だから」と答えました。彼はただ「さあ、皆さん。皆さんならできますよ。頑張りましょう」と言うくらい簡単なことだと考えていました。学校文化を浸透させるためには、生徒集会を開けばいいと考えている人たちがいますが、それと同じことです。学校の文化は生徒集会で校長が伝えて浸透するようなものではありません。学校の文化は、生徒がどう行動するかということに表れます。生徒から生徒へと継承されるものです。**生徒にその力があるのです**。校長は自分の望みを言うことはできますが、もし上級生がロッカーを蹴飛ばしたり、教師に向かって大声をあげていたりしたら、下級生も同じように物を蹴飛ばし、大声をあげるでしょう。

毎年、ＭＥＴの新学期のバーベキューナイトで、私は新入生をよく観察します。世話をしてくれる上級生がたくさんいます。食事の準備を協力してやってくれる一七歳のかっこいい生徒たちは、校長と腕を組んだり、教師と笑い合ったりして、生徒同士の人間関係や大人との人間関係がしっかりしているということを示しています。そして、虚勢を張っている新入生はといえば、上級生を見て「なんてことだ。生徒と先生が友達みたいに話したり、ハイタッチしたりしているぞ。しかも、自然に」と驚いています。私たちはこのようにして、学校の文化を継承していくのです。

ＭＥＴのエキシビションは**学校の文化がどう受け継がれていくか**が見られる絶好の機会です。下級生のエキシビションでは、審査員の上級生が質問をするのですが、例えば、「すみません、あなたのジャーナルを見ていますが、四つしか記事がありません。エキシビションまでに記事を二〇準備しておくことになっていましたよね」とか、「今学期、あまり頑張っていなかったようですが、それはなぜですか？」というようなとても厳しい指摘もあります。もし、このような厳しい指摘を教師がしてしまうと、下級生は教師の仕事だから指摘しているのだと思って気にかけません。しかし、上級生なら仕事としてしているわけではないとわかっています。下級生は、上級生が自分自身に対してもこの到達目標を課していると思い、自分もその到達目標に従って行動しようと思うようになります。エキシビションではいつもこのようなことが起こり、その場面を目にするたびに私は笑顔になります。**大人が言いたいと思っていることは何でも、大人が言うよりも、他の生徒が言った方がずっと強く心に響くのです**。

エキシビション中の上級生と下級生の様子にも、ＭＥＴの文化を見ることができます。下級生は、学年が上がるごとにどのように成績を維持し、伸ばしたのか、どのくらい頑張ったのかについて、上級生が語るのを聞きます。そうすることによって、下級生は自然にもっと努力しようとするのです。なぜなら、それがかっこいいからです！

他にもこんなことがありました。METでは、下級生が壁に落書きをしているのを上級生が止めたときに、下級生は「もうここではやらない」と心から反省しました。ドラッグが出回っているのではないかと教師が疑うと、上級生が「任せてほしい」と言って、教師に立ち去るよう言いました。そして、生徒全員でこの重大な問題について話し合い、「ここは僕たちの学校だ。この学校でドラッグを使うのはかっこいいことじゃない」と説きました。このメッセージは、教師に言われるよりも、ずっと強く生徒の心に響いたはずです。

生徒の上着が盗まれたこともありました。金銭的な価値だけでなく、その生徒にとって愛着のある上着でした。盗まれた生徒は全校生徒の前に立ち、その上着が自分にとってどんなに大切なものであるかを語りました。生徒たちは笑って「ああ、それは気の毒だね」で済ませるのではなく、募金を募って、彼女が上着を買うのを助けようとしたのです。学校の文化に**他者への気遣いと共感**がしっかりと根づいています。

重要なのは、事件が起こる前からすでに、そういう文化があったということです。学校の初日に開かれる集会や上着が盗まれたことが理由で開かれる集会で、校長が導入するようなものではありません。日々、すでにそこにあるものです。危機的な状況で、二人の人間が急に信頼関係を築くことはできません。ましてや、学校全体でできるわけがありません。学校の文化として、信頼関係がすでに築かれていなければならないのです。

学校文化に存在する敬意と信頼の大きさは、生徒が自分自身の環境や使用する設備、学習に対してどれだけ**責任**を与えられているかに直接関係しています。かつて、METのある保護者と話をしました。その息子のアルフレッドは、彼にとっては信じられないくらい、METで敬意をもって扱われていました。アルフレッドは母親に、校長が重要な仕事を中断してまで、自分のコンピューターを彼の勉強のために使わせてくれたことを話しました。敬意をもって生徒に接している例は、他にも見られます。毎年恒例となっているメンターのための祝賀朝食会では、ケータリングサービスを雇わずに、料理に情熱を注いでいる生徒たちにその食事のすべてを任せ、報酬を支払います。彼らは素晴らしい仕事をしてくれます。ある生徒は地域のクリニックでインターンシップを行った際に責任をしっかりもたせてもらったことで、まったく新しい将来の夢を見つけました。最終学年の終わりに彼は、「二、三年したら病院で、患者としてではなく、治療する立場の人間として僕を見ることができると思います」と私宛に手紙を書いてくれました。生徒に対する敬意と信頼を示すためには、生徒に自分自身と自分の周りのものに対する責任をもたせるようにすることです。生徒は、任せてもらっていることに気づきます。そして、多くの場合、難しい状況でも乗り越えていきます。

――信頼は、相手を尊重し、誰に対しても真剣に向き合うという、一人の人間としての姿勢から始まる。相手を尊重するためには、まずお互いの才能や強み、興味を知ることだ。そうして初めて、共に取り組むことで発揮できる能力や個人としての可能性に到達することができる。

マックス・デプリー

学校は何を重視するかを決断し、重視することをわざとらしく掲げて見せるのではなく、学校生活の一部として当然のようにそれを実践していかなければなりません。「月間生徒MVP」を発表する朝礼は、生徒の達成を祝うことが日常の学校生活から切り離されていない文化の中で行われなければなりません。ほとんどの学校では、朝礼だけで月間最優秀生徒を称えて、他の日には生徒の達成を祝ったりしないという茶番が行われています（特に月間最優秀生徒に選ばれないような生徒が祝ってもらえる機会はありません。その生徒なりに進歩していて、その生徒なりの達成があるにもかかわらず！）。真実は、日常に表れます。生徒がどう扱われているかを見れば、一目瞭然です。

校長として、**生徒に接するどんな機会も、学校の文化がつくられる瞬間だと思っています**。私が真剣に生徒の話を聞いているとき、その生徒が学校では「先生に反抗する必要はないんだ。先生は本当に自分たちの話を聞いてくれるんだ」と強く思えるようにしています。また、私たちが生徒と話しているのをすれ違いざまに見ている人たちにも、同じメッセージが伝わることを私は常に意識しています。

ストーリーの重要性

私が教育について学んできたこと、教育について語ってきたこと、そしてこの本で書いていることはすべて、生徒や親、あるいは教師の「ストーリー」につながっています。私はストーリーテラーであり、学校を設立する際には、その文化を築くためのストーリーを探します。強力な口承の伝統をもつ文化と同様に、**学校文化も独自のストーリー**（これまでのストーリーとこれからのストーリー）**に基づいて繁栄し、成長するのです**。

ＭＥＴでは、ストーリーが私たちの共通のビジョンを示しています。私たちは、コミュニティーを構築し、障壁や孤立感を取り除き、知識を共有するためにストーリーを利用しています。私たちは実践者として、ストーリーを通して、理論が有効かどうかを確認します。私たちは同僚として、公式にも、非公式にも、ストーリーを「ケーススタディー」として共有し、振り返り、学び、お互いに歩み続ける手助けをします。マックス・デプリーは次のように言っています。「(何らかの政治的・社会的)運動が起こるとき、人は偉人や落伍者のストーリーを語ります。人々がどのような関係であったかや、思いがけず驚いたことについてのストーリーも語ります。人は教える際の方法として、ストーリーを語るのです。彼らがストーリーを語ることで、運動が起こるのです」

学校に真の人間関係があれば、素晴らしいストーリーが生まれます。一人ひとりの生徒を大切にしながら教育活動を行っていれば、学校は笑える話や泣ける話など、ストーリーであふれ返ることになります。[20] それはとても素晴らしいことです。生徒、教師、親など、誰もがストーリーを語ってくれるので、METを訪れた人はストーリーを持ち帰らずにはいられません。私が設立に関わった校長養成プログラムに参加していた意欲的な校長の一人は、METに一日滞在した際に、同じ話を五回、五人の異なる人たちから聞いたと言っていました。その話はおそらくこの本のどこかに載っているでしょう。そして、私もそれを誰かから聞いたのかもしれません。

もちろん、私が一番好きなのは、私自身が直接関わったストーリーです。例えば、生徒と関係を築き、学校をその生徒が心から通いたいと思える場所にすることがいかにシンプルなことであるかを示すストーリーがあります。カルメンの話はそのよい例です。中流階級の出身で、前の学校を一年で退学した後、METに入学した生徒です。実は、カルメンは「退学」した年、その学校にいたのですが、正面階段にただ座って毎日を過ごしていたのです。授業の合間には、教師のためにコーヒーやドーナツを買いに行くこともあったそうです！　しかし、彼に授業に出席するように声をかける人は一人もいませんでした。

ここからは、私自身も関わる話になります。カルメンがＭＥＴに来てこの話をしたとき、私は彼に、もし彼が一日も学校を休まなかったら、好きなレストランに彼と彼の選んだ女性を連れて行ってあげるという賭けをしました。カルメンの父親が病気のためにカルメンを家にいさせた日はありましたが、私は年末にカルメンと彼の選んだ女性のために一七〇ドルの豪華なステーキディナーを振る舞うことになりました。彼が選んだ女性は、母親でした。

これは、私が何度も繰り返し語っている話の一つです。特に、この話は「一人ひとりの生徒を大切にする」という言葉の本当の意味を理解し始めたばかりのＭＥＴの新任教師にします。ＭＥＴの教師が自分自身のストーリーを集め始めるとき、生徒たち一人ひとりの内面が見えてきて、生徒がどんな背景を背負っているのかを理解できるようになるのです。そのとき、生徒は学びを実現することができ、私たちの学校の文化を継承する一翼を担うことができるのです。

最後に、私のお気に入りのエピソードを紹介しましょう。他の公立学校に通う九年生の生徒がＭＥＴの入学希望者向けオープンスクールに参加したときのことです。私たちの生徒のストーリーや個別の教育プログラムに恐れ入った様子でこう尋ねました。「ここは天国ですか？」

アドバイザリー制度

私は以前、アドバイザリー制度の構築こそが、学校の構造を変えるためのビジョンの核心だと考えていました。しかし、今では、生徒のために効果的な学習環境を本気でつくろうとするなら、押さえておかなければならない重要な点が他にもいくつかあると考えています（この本全体をお読みください）。しかし、学校の雰囲気や文化を改善し、ただでさえ小さな学校をさらに小さく、より個人的に感じられるようにするには、アドバイザリー制度が最適な仕組みであるという考えに変わりありません。

ジョージ・ウッドは、前述の『うまくいっている学校――アメリカのもっとも革新的な公立学校教育プログラム』のセヤー高校に関する記事の中で、アドバイザリーについて語っています。ここでは、その抜粋をご紹介します。

セヤー高校の特別支援教育担当のドン・ワイズバーガー先生は、この制度の効果を次のように説明しています。「アドバイザリーとは、一言で表せばコミュニケーションです。学校をより小さく感じさせてくれます。（中略）［生徒は］誰かが自分のためにいてくれることを知っているので、他のすべての生徒たちの中に埋もれてしまうことはありません。（中略）アドバイザリーでは、生徒に向かって話すのではなく、生徒と一緒に話すのです」

●　●　●

アドバイザリー制度にはさまざまなバリエーションがあります。ショアハム中学校では、生徒は毎朝、同じ少人数の生徒と教師からなるグループに入って、「チェックイン」[21]をしていましたが、METでは、学校全体を少人数のグループ（私は一四人がいいと思っています[22]）と一人の大人からなるアドバイザリーに分け、四年間を通して一日の大半を一緒に過ごすという方法をとっています。METでのやり方はユニークで、すべての学校で実践するのは難しいかもしれません。しかし、**生徒が少人数の生徒と一人の教師と本当につながることができる一貫した環境**をもつ制度を構築することで、学校での経験全体を根本的に変えることができるということも知っています。恥ずかしがり屋で不器用だけどとても優秀な生徒が、METを訪れた人に「前の学校では友達が一人もいなかったのに、ここには一四人の友達がいます」と言いました。それが、アドバイザリーで彼が手に入れたものです。信じられないほど強い絆で結ばれた一五人のコミュニティーです。

アドバイザリーは、多くのMETの生徒が言うように、**第二の家族**にもなります（あるいは、中にはアドバイザリーが自分にとって最初の本当の家族になる生徒もいます）。思春期の子どもたちが自分の家族から離れていくこの重要な時期に、高校のアドバイザリーとアドバイザーは、生徒が生きていくのに文字通り必要な役割を担います。

実用的な面では、アドバイザリー制度は、学校の資源をより効率的に利用する方法を提供します。生徒と教職員の間のコミュニケーションの範囲や方法を増やし、カウンセリング機能を分散させることで、問題をより管理しやすくし、よりよい解決策を見つけやすくします。しかし、もっとも重要なことは、アドバイザリー制度には、すべての生徒（および生徒の家族）にふさわしい真の擁護者となる大人のアドバイザーが含まれるということです。アドバイザーは、学校の中でその生徒を一人の人間として、また学習者として（つまり一人の生徒のあらゆる側面を「その生徒全体〔the whole child〕[23]」として）本当に理解している（少なくとも）一人の大人であり、学校のその他の仕組みすべてがその生徒の個人的、教育的ニーズを満たしているかどうかを確認してくれます。アドバイザリー制度があれば、保護者は自分の子どもの状態を誰が教えてくれるのかを正確に把握することができます。つまり、学校で生徒に教えていることのほんの一部である、特定の教科のことしかわかっていない、数名の教師を探し回る必要がなくなるのです。生徒が中学生、特に高校生になると、ほとんどの親が、子どもの教育への「親の参加」についての興味を失ってしまうのは当然のことです。連携しなければならない相手が多すぎて、しかも、その誰も自分の子どものことをよく知らないからです。アドバイザリー制度があれば、学校で特定の人が自分の子どもを見てくれているというだけでなく、その人が**すべてをまとめてくれている**と確信できるのです。ある夜、METで行われた保護者会で、母親の一人が自分と夫を紹介するために立ち上がり、「私たちはサムのアドバイザリーに入っています」と付け加えました。「私たち」と彼女は言いました。生徒だけでなく、その家族全員がアドバイザリーに参加していたのです。学校と自分の子どもの教育に対する彼女のオウナーシップ（自分事ないし自分のものであるという意識）と帰属意識に、私は泣きそうになりました。

アドバイザリーが学校の最優先事項であることを、保護者、生徒、教師の誰もが知っていれば、大切なのは個々の教科ではなく、生徒であるという考えが強化されます。私の経験では、アドバイザリーの存在は、器物損壊行為の減少、保護者の参加の増加、退学者の減少など、ありとあらゆることによい影響を与えます。

●　●　●

アドバイザリー制度がどんなときにも力を発揮するのは明らかであり、だからこそMETの構造全体を、アドバイザリーを中心に据えて開発したのです。アドバイザリー制度を導入し始めたのは一九七〇年代、私がショアハム中学校にいたときです。すべてのスタッフは、一日のうちのわずかな時間、一三人から一五人程度の生徒のグループを担当し、一年間、個別に付き合っていくことになっていました。養護教諭や校務員も含めて、全教職員がアドバイザリーを担当していました。私がショアハム中学校を去った後も、この制度は何年も続いていました。一九八四年にショアハム中学校を訪れたジョウン・リップスィッツは次のように述べました。「教師たちが自分の学校でもっとも重要な点は何かと尋ねられると、必ずアドバイザリー制度を挙げます。ある教師は、『他のすべてのことが旧態依然としたものであっても、思春期に生徒が直面するあらゆる困難を助ける、**生徒のよき理解者**であり、代弁者である教師が、まだこの学校にいるのです』と言っていました」。つまり、アドバイザリー制度を信じ、どの生徒のことも、少なくとも一人の大人がよく理解しているという状況に価値を置くならば、どんな学校でも基本的な形式のアドバイザリー制度を機能させることができるということです。

ショアハム中学校とセヤー高校の両校で校長になった最初の年に、私を本当に救ってくれたのはアドバイザリー制度でした。対応しなければならない問題は山積みでしたが、何かが起きてどうすればいいのかを考えるたびに、アドバイザーに電話して、その生徒のことと、彼・彼女の状況を詳しく知ることができました。ショアハム中学校では、バスの中で悪さをするジェイクという生徒がいました。私は、ジェイクをサッカーチームから外して、自分の行動には結果が伴うことを教えるべきだと考えました。しかし、彼のアドバイザーの教師と話しているうちに考えが変わりました。ジェイクにとってサッカーチームに所属していることがどれほど重要か、そして、それがどれほど彼を成長させてきたかを知ったのです。このことがわかれば、今後どのように彼の行動を改善していけばよいのか、簡単に考えることができました。

セヤー高校の校長時代には私も、アドバイザーとしてアドバイザリーの一つに所属していました。朝、生徒たちと一緒に彼らの生活や学習について話をするのは、私の一日の中で最高の時間でした。アドバイザリーは、校長としての自分の役割とは何か、どうすれば教職員や生徒を最大限にサポートできるのか、その核心に迫ることができるもっとも重要な時間でした。

私は、統合カリキュラムやブロック・スケジューリング[24]が好きなのと同じように、アドバイザリーが大好きです。私が一から学校（ＭＥＴ）を始める機会を得たときは、まだアドバイザリーの仕組みを頼りにしていましたが、生徒との関係を築くという真の核心に迫るために、アドバイザリーの仕組みと私の考え方をさらに拡張しました。アドバイザリー制度の成功例や明らかなメリットがあるにもかかわらず、どのような形であれ、今日ほとんどの学校で使われていないことに私は苛立ちを覚えます。しかし、ある年、ショアハム中学校でこんなことがありました。私たちの生徒三人と教師三人が他の教育委員会に招かれて講演をしたときのことです。他の教育委員会の方たちは、規律上の問題を減らし、器物損壊行為を減らす方法として、アドバイザリー制度を採用することを考えていました（ショアハム中学校のアドバイザリー制度が実証され、報告されていたように）。後日、生徒の一人が「あの先生たちは、アドバイザリー制度を導入する時間がないと言っていた」と教えてくれました。それからその生徒は私たちにこう尋ねました。「生徒たちと話す時間がないのですか⁉　それが教師にとって大切なことではないのですか？」と。

多くの教師と同様に、その教師たちにとって教えるという概念は、教科に関することに限られていて、生徒たちがどのような存在で、どのように学ぶのか、何を学びたいのか、そしてどのように感じるのかを知ることではないと考えていました。もし、学校が本当に**生徒にとって最良の環境をつくること**に集中しているのであれば、アドバイザリー制度は必要ないかもしれません。しかし、学校が生徒に焦点を合わせるための枠組みを導入する必要があるならば、アドバイザリーは最良の選択肢です。

私はアドバイザリーをとても気に入っていますが、アドバイザリーだけでは教育制度を変えることはできないということも学びました。例えば、アメリカのすべての学校がアドバイザリーを使い始めたとしても、そのほとんどは標準化されたカリキュラムに対処しなければなりません。今日、アドバイザリーの有無にかかわらず、生徒としっかりとした人間関係を築こうと努力している教師であっても、学校規模を含む伝統的な教育の枠組みが邪魔をして、その関係を生徒がよりよい学習者になるために十分に活用できていません。

小さな学校の利点

——私がMETに行きたいのは、小さな学校の方がうまくいくような気がするからです。緊張せずに。私は、緊張するとしっかり考えることができなくなって、集中力が続きません。クラスで話すのが怖くなることもあります。私の考え方をクラスのみんなにわかってもらえないかもしれないと思うからです。そのため、教室での話し合いで自分の考えを説明するのが難しいのです。そういうことがあると、学校に行きたくなくなります。学校への興味も薄れます。興味がなくなると、失敗するような気がします。でも、私は学校でいいことをしたいです。だから、この学校に行けば、もっとうまくやれると思います。

小さな学校だから。

METに出願した八年生の志望理由書より

支え合い、育て合いの雰囲気をもつ前向きな学校文化をつくるには、まず小さな学校をつくることから始めます。小さな学校の生徒は、数学や理科の成績、学習態度、出席率がよく、退学率も低いことが調査で何度も明らかにされています。[25]

自己概念、帰属意識、対人関係能力は、小さな学校に通う生徒の方が大規模校に通う生徒よりもはるかに高いです。また、小さな学校では、保護者の参加率も非常に高く、これが学業成績の向上に貢献していることがわかっています。最後に、小さな学校は安全で、子どもたちを守りやすいという調査結果があります。考えてみてください。大規模な公立学校では、学校のセキュリティーに年間五〇〇〇万ドル以上を費やしています！　大規模校をより安全にする代わりに、小さな学校をつくるためにそのお金を使ってはどうでしょうか？

「小さな学校では、」学校の組織に必要なものではなく、生徒の学習に必要なものが学校運営を動かします。

——キャサリーン・コットン[26]

「エデュケーション・ウィーク」[27]誌によると、今日の高校生の六〇％は、少なくとも一〇〇〇人以上の生徒がいる学校に通っています（記事によると、多くの大規模校はそれよりもはるかに大きいです）。小さな学校を支持する人の中には、かつてハーバード大学の学長を務めたジェイムズ・コナントを、今日の巨大で人間味のない高校を生み出した張本人として非難する人もいます。コナントは、一九五九年に出版した『*The American High School Today*（今日のアメリカの高等学校）』という本の中で、高校が大きくなれば、学力が向上すると主張しました。実際に彼はそのように述べたのです。ただし、「大きく」というのは、生徒数が何千人もの学校ではなく、四〇〇人程度の学校を意味していました。コナントの言葉を誤解してしまったために、現在私たちが倉庫のような建物を学校と呼んでいるのは悲しいことです。

私たちは、最新の研究結果を見て、学校のあるべき姿についての理解を更新する必要があります。ありがたいことに、このような取り組みを行う人が増えてきており、最近では、大きな学校を解体して小さな学校にする方法について、多くの議論がなされています。ビル＆メリンダ・ゲイツ夫妻は、自分たちの使命として、小さな学校の実現を訴えています。

ゲイツ財団は、四年に満たない助成期間の間に、大規模で「総合的な」高校を、より小規模で個人に焦点を合わせたモデルに置き換えるという考えを全国的な運動へと発展させました。世界でもっとも裕福な慈善団体であるゲイツ財団は、約七億ドルを州や学校制度、さまざまな非営利団体に提供し、主に都市部に生徒数四〇〇人以下の高校を一四〇〇校設立したのです。[28]

しかし、こういったことを考慮しても、小さな学校をつくるという取り組みは遅々として進まず、困難なものです。デボラ・マイヤーは、ある町の話をしてくれましたが、決して特別な町ではありませんでした。その町は小さな学校を望んでいましたが、同じ学齢の生徒を対象とした学校が複数あると、コミュニティー内で学校間の競争が激しくなることを恐れていました。そこで町は、一つの学校に入る学年数を減らすことで「妥協」したのです。今では、八〇〇人の七、八年生がいる中学校と、一〇〇〇人近い子どもたちがいるK－2スクール[29]があるということです。競争を避けるために、町は「小さな」学校を設置したのですが、その規模はまったく小さくありません。もちろん、これらの学校の中では、教師は相変わらず成績をつけ、テストを行い、競争にまみれた栄誉を与えています。**小さな学校が不必要な競争を生むと考えるのではなく、親や生徒がどこで学ぶかを決めるための、なくてはならない選択肢をつくり出していると考えてはどうでしょうか？**

ショアハム中学校を設立したとき、生徒は三〇〇人でしたが、毎年増えていきました。生徒数が六〇〇人に達したとき、私は学校を三つの小さな「スクール」に分けました。六年生用、七年生用、八年生用です。自然な分け方だと思いましたし、それぞれの学年に約二〇〇人ずつ生徒がいました。しかししばらくすると、このように学年で分けると、毎年、教師は新しい生徒を迎えることになると気づきました。そこで、六年生、七年生、八年生を三つの二〇〇人規模の小さな「スクール」にまとめ、教師が同じ少人数の生徒グループを長期（三年間）にわたって担当することができるようにしたのです。一九七二年のことでした。当時、「学校の中の学校」という考えが流行っていたからやったのではありません。私がこのようなことをしたのは、**先生たちにできるだけ生徒のことを知ってもらいたかったからです。そして、学校の規模が重要であること**

も知っていました[30]。

教師の視点から見ると、小さな学校の方が何でも簡単です。少人数の教職員を率いるのも、活動を調整するのも、そして何よりも生徒を個人的に知るのも簡単です。デメリットとしては、小さな学校には美術や音楽などの専科の教師がいなかったり、強力なスポーツプログラムがなかったりすることが挙げられます。しかし、よい面もあります。それは、誰もが属しているコミュニティーがあるということです。デボラ・マイヤーが鋭く指摘しているように、生徒たちは大きな学校の中に「小さな学校」を見つけるものです。だから、徒党を組んだり、チームを組んだり、ギャングやクラブをつくったりするのです！

商務省によると、二〇〇一年、アメリカの公共建築費の中で最大の項目は公立学校の建設でした。素晴らしいことです。しかし、問題は彼らが大きな学校を建設し続けていることです。さらに、教育省は大きな学校を建設し支援するために、相変わらず今までと同様の資金を提供しています。最近では、大きな学校を小さな学校に分割するために、連邦政府はより多くの資金を提供し始めています。しかし、疑問はとても明白です。**なぜ、最初から小さな学校をつくらないのでしょうか？**

学びを深めるための問い

1　あなたにとって、（典型的な学校よりも）「もう少し人を大切にする」学校とはどのようなものでしょうか？

2　学校は、生徒が学校コミュニティーの信頼された大切な一員であることを、どのようにして示すことができるでしょうか？

3　あなたの日常生活（学校、職場、社会）の中で、「例外に基づいて」つくられたルールにはどのようなものがありますか？

4　学校、近所、職場、家族など、あなたの生活におけるさまざまな「コミュニティー」について、あなたが知っているストーリーを思い浮かべてみてください。そのストーリーは、そのコミュニティーの文化や価値観についてどのようなことを示していますか？

5　あなたはあなたの同僚と、学校や職場について同じ哲学やビジョンを共有していますか？　それはなぜですか？　このことは、あなたが一緒に働き、仕事について考える方法にどのような影響を与えていますか？

1……シャドーとは、影のように一定期間離れずついて回り、その対象が何を感じ、考えているかなどを体験することです。教師にとって、これ以上にパワフルな教員研修の体験はないかもしれません。訳者の一人が書いた『校長先生という仕事』（平凡社）はこの手法を使って書きました。

2……生徒の声を活かした授業や学校づくりについては、デイヴィッド・ブース著『私にも言いたいことがあります！——生徒の「声」をいかす授業づくり』（新評論）が参考になります。

3……一〇歳から一三歳の年齢のことです。

4……Rainer Maria Rilke はオーストリアの詩人、作家。プラハに生まれ、プラハ大学、ミュンヘン大学などに学び、早くから詩を発表し始めました。

5……『*Doc: The Story Of Dennis Littky And His Fight For A Better School*（Doc——デニス・リトキーとよりよい学校をつくるための彼の闘いの物語）』のことで、本書の著者デニス・リトキーの功績についてジャーナリストによって書かれた伝記です。リトキーはそれほど有名な存在なのです！

6……「A Town Tom Apart」で検索すると、この映画の全編を視聴することができます。

7……アメリカでは学校での銃撃事件を受けて、金属探知機を設置している学校があります。

8……Katharine Graham は、アメリカの新聞ワシントン・ポストのオーナー、発行人を務めました。

9……Ralph Waldo Emerson は、アメリカを代表する思想家、哲学者、作家、詩人。

10……アメリカの学校では、ハロウィンに仮装して登校するだけでなく、全員がおもしろい帽子をかぶってくる日や服を後ろ前に着てくる日もあります。日本の学校でもこういう日があったら、あなたはどう思いますか？

11……Theodore Ryland Sizer はアメリカの教育改革を長年牽引してきたリーダーで、エセンシャル・スクール運動の創始者。

12……アメリカの高校で卒業式の前に卒業生のために開かれるダンスパーティーのこと。アメリカの高校生にとって、プロムは学校で行われるもっとも重要なイベントです。

13……詳しくは、「ギヴァーの会」ブログ（http://thegiverisreborn.blogspot.com）でタウン・ミーティングを検索してみてください。

14……生まれながらにして脊椎（背中の骨）の形成不全があり、また同時に脊椎の中にある脊髄の機能が障害を受けている先天疾患。

15……二点の引用は、『*The School and Society and the Child and the Curriculum*』の邦訳『学校と社会・子どもとカリキュラム』（講談社）から引用せず、訳者の訳によります。

16……Deborah Meier 自身が公立学校を設立した経験をもっています。そのうちの一つの経験をまとめたのが、『学校を変える力——イースト・ハーレムの小さな挑戦』（岩波書店）。

17……Alan Alda は、アメリカの俳優、脚本家、監督。

18……共同設立者のエリオット・ウォッシャーは、学校施設を設計する際に、どうしたら従来の形（ハード）よりも、機能（ソフト）を優先できるかを熱心に研究していました。彼はこのテーマを論文 Innovative Pedagogy and School Facilities にまとめました。

19……その意味では、長い廊下と正方形の教室が並ぶ校舎や授業を四五分で区切るチャイムは、「人がどうやって学ぶのかについての知見」を無視した配置や仕組みとしか言いようがないものかもしれません。

20……ストーリーをつくり出すことを、学校をよくすることの柱に据えた本が『教育のプロがすすめるイノベーション――学校の学びが変わる』（ジョージ・クーロス著、新評論）です。ぜひ参考にしてください。また、それを授業レベルで扱っている『あなたの授業が子どもと世界を変える――エンパワーメントのチカラ』（ジョン・スペンサー＋A・J・ジュリアーニ著、新評論）もおすすめです。

21……ミーティングなど、複数名が集まって話し合いを始めるときに、気持ちを切り替えるために全員が一言ずつ話す時間のこと。出席を確認するためだけではなく、参加者同士がお互いを迎え入れるために行います。同様に、ミーティングの終わりに「チェックアウト」を行い、一人ひとりが感想や学んだことの振り返りを全体にシェアします。

22……その構成は、ホームルームのように同じ学年の生徒が一四人ではなく、各学年三～五人ずつというのがミソです。異学年なので、生徒同士の教え合い・学び合いが活性化します。詳しくは、『遊びが学びに欠かせないわけ――自立した学び手を育てる』（特に第9章。ピーター・グレイ著、築地書館）を参照してください。

23……Whole Child Approach という、子どもの発達と学習のあらゆる側面を育む取り組みがあります。読み書きや計算などの認知能力だけでなく、ＳＥＬ（社会性や感情）のスキルといった非認知能力も含めて、一人ひとりの子どもを全人的に教育しようとする方法です。

24……通常の一コマを二つないし三つにして時間割を組む方法。

25……原注・小さな学校に関する研究の優れたレビューとして、マイケル・クロンスキーの Small Schools: The Numbers Tell a Story. Small Schools Workshop（The University of Illinois at Chicago Publications Series, 1995）を参照（http://www.smallschoolsworkshop.org で入手可能）。ノースウェスト地域教育研究所のキャ

サリン・コットンによる報告書 School Size, School Climate, and Student Performance は、学校規模と学校の質の関係に関する一九八一年から一九九六年の間の主な研究結果を調査したもので、もう一つの重要な資料です。

26……Kathleen Cotton はノースウェスト地域教育研究所（NWRL http://educationnorthwest.org/）の研究員で、学校改善の研究に携わっています。

27……Education Week は、幼稚園生から一二年生までの教育を扱っているワシントンD.C.にある報道機関です。

28……ゲイツ夫妻は、その後離婚しましたが、財団活動は継続されています。

29……幼稚園の年長から小学二年生までの学齢のための学校。

30……この「学校の中の学校」についてさらに知りたい方は、『いい学校の選び方——子どものニーズにどう応えるか』（吉田新一郎著、中央公論新社）の冒頭の部分をお読みください。それを書くために参考にしたスウェーデンの事例を知りたい方は pro.workshop@gmail.com 宛に資料請求してください。

第4章
一人ひとりを大切にする教育

今は前に比べて学校に興味があるわ。
だって、学校が私に興味をもってくれているもの。
——ＭＥＴの生徒

二〇〇二年に、エリオット・レヴィンは『*One Kid at a Time*（子ども一人ひとりを大切に）』というMETについての本を書きました。このタイトルはMETが大切にしていることを一言で表現したものであり、私がずっと大切にしてきていることでもあります。このタイトルを別の言い方で表現すると、**「どの生徒に対しても、その生徒に合った個別のやり方で接する」**ということです。カリキュラムや到達目標づくりから学校づくりに至るまで、生徒一人ひとりのことを考え、彼らが教育に何を求めているかを考えなければなりません。これこそが、本当に学校がうまくいくための秘訣であり、すべての生徒が自分にふさわしい教育を受けることができる唯一の方法であると私は強く確信しています。**生徒は今この瞬間にも、学校によって虐げられ、見捨てられています。その結果、あまりにも多くの生徒が文字通り命を落としているのです。私たちは一人ひとりを大切にすることによって、生徒の命を救わなければなりません。**

あまりにも多くの生徒が無視され、誰からも気づかれることさえなく忘れ去られています。実際、アメリカではあまりにも多くの公立学校が、生徒が在籍しているかどうかさえもわからないぐらい、生徒のことを知りません。ましてや、生徒が何に興味があるのか、彼らにどんなスキルが必要なのか、あるいは彼らがどうすれば一番よく学べるのかなんて知っているはずがないのです。

——誰にでもぴったりと合うサイズなんてない。そのサイズはその人にしか合わないのだから。[1]

トム・ピーターズ

私たちに必要なのは、ただ単に小さいだけの学校や現実的な教育目標といったものではなく、教師と生徒の本物の関係であり、本当の意味で個別化された学校です。そして、**この真に個別化された学校というのは、究極の柔軟性をもった学校です**。つまり、生徒のクラス分け、時間割、カリキュラム、教育活動、評価ツール、それらすべてが目の前の生徒とその場の状況に応じてつくられています。個別化された学校では、教師の一番の関心事は、一人ひとりの生徒を教育することです。決して、教科書をカバーすることではありません。教科書ではなく、生徒に目がいけば自然と教師の一番の関心事は、一人ひとりの生徒となるのです。

学校がどれだけ一生懸命に努力しても、**画一的な教育は常にその場しのぎでしかありません**。例えば、こんな状況が想像できますか？　病院に行くと、あなたと同じ症状や病気を患っていると診断された二、三〇人の患者と同じ部屋に入れられ、医者がその場にいる全員に治療法の説明を行い、全員が同じ処方箋をもらってその部屋から出ていくという状況です。もちろん、想像できないでしょう！　医者は一度に一人の患者を診ます。この方法でしか、医者は一人ひとりの患者を助けることができないからです。そして、それがもっとも理にかなった方法なのです。

――私はＭＥＴに通いたいです。なぜなら、今私が通っている学校は学ぶ環境ではないからです。学校の先生は私のことをわかっていないし、私がどのように学ぶのかもわかっていません。

ＭＥＴに出願した八年生の志望理由書より

学校が生徒全員の期待に本気で応えるなら、一人ひとりの生徒の強みややる気を育てる仕組みや関係をつくらなければなりません。真に個別化された学びを実現するためには、**教科や授業ではなく、生徒のことを**

一番に考えて、学校をつくり直さなくてはなりません。真に個別化された教育を行おうとする学校であれば、生徒がどんな知識を手に入れたのかだけでなく、一人ひとりの生徒がどのようにその知識を活用するのかも重視しているはずです。そのような学校がもっとも大切にしていることは、生徒と家族をよく知ることであり、そうすることであらゆる学びの経験を通して、確実に生徒がもっと学びたいと思うようになるのです。このようなことを実際に行っている、小規模で、個別化された素晴らしい学校がたくさんあります。私が伝えたいのは、そのような学校であっても、個別化された学びという考えからさらに上のレベルに行く必要があるということです。つまり、生徒の今の現状や将来のありたい姿に合わせて、生徒一人ひとりにまったく違ったカリキュラムが必要だということです。どの生徒に対しても、その生徒に合った対応をするという考えの中心にあるのは、この国のすべての生徒、あるいは学校や教室にいるすべての生徒に対して有効な、一律のカリキュラムは存在しないということです。厳密に決められた一連の知識を生徒に強制的に与えることは、私たちが学びについて知っていることとは正反対です。私が知る限り、**すべての生徒にとって適切な学習内容なんてありません**。例えば光合成や弱強五歩格[2]の詩は皆さんにとって重要かもしれませんが、少なくとも今の私にとって重要ではありません。

より大きな視点から見れば学校は、一人ひとりを大切にするという理念を理解することにより、他人と競争するのではなく、自分の可能性を広げようとする雰囲気をつくっていると言えます。学校は誰もが創造力を発揮し、さまざまなことに夢中になれる場所です。そして、誰もが一人の人間として成長できる場所です。そのような学校では、生徒を無理やりある場所に押し込めるのではなく、生徒が自分で居場所を選ぶことができるようになることを学校の目的であると考えています。

また、このような学校では**多様性が真に尊重され、その素晴らしさを皆で喜ぶことができる**環境をつくることができます。多様性を口先だけで褒め称える人がいますが、一人ひとりを大切にする教育をするためには、それぞれの生徒の生い立ちや母国語、性別、能力、家庭環境など、学習者として彼らの人生に関わる重要なことを知らないわけにはいかず、私たちはそういったことを考慮に入れておかなければいけないのです。ロザモンド・ストーン・ザンダーとベンジャミン・ザンダーの『人生が変わる発想力――人の可能性を伸ばし自分の夢をかなえる12の方法』（パンローリング）から私のお気に入りの箇所を紹介します。

ミケランジェロは言った。「どんな石や大理石の塊の中にも美しい像があり、不要な部分を取り除くだけで内にある芸術作品が姿を現す」この考えを教育に当てはめれば、子どもをほかの子どもと比べることには何の意味もないと改めて分かるだろう。石を彫ること、つまりそれぞれの子どもの伸びる力、理解力、自己表現を妨げるものを取り除くことに、すべての力を注ぐべきなのだ。

村井智之訳（三四〜三五ページ）

●●●

一人ひとりを大切にする学校を運営するということは、お互いに頼り合えるコミュニティーを築くことにあまり時間をかけないということだろうかと、疑問をもつ人がいるかもしれません。このことは、学校の理念に関わる実際的かつ重要な問題だと思います。それぞれの生徒が、**一人の人間であるとともに、コミュニ**

ティーの一員でもあるというバランスを取ることに注意を払わなければなりません。そのために学校は、一人ひとりを尊重するとともに、彼らがコミュニティーの一員としての自覚をもち、コミュニティーを尊重することができるような環境づくりに励まなければなりません。アメリカは国家としてこの問題と格闘していて、ＭＥＴでも毎日、頭を悩ませています。しかし、正直なところ、私たちは他の多くの学校よりもこのバランスが取れていると思っています。なぜなら、私たちは標準学力テストのために準備をしたり、規律や規則を書き直したりするよりも、このバランスを取ることが大切な目的であると認識しているからです。

　もちろん、ＭＥＴは小さな学校なので、他の学校よりもこのバランスの実現が比較的容易です。生徒が一一〇名しかいなければ、一人ひとりの生徒を大切にして教えることとコミュニティーに対する強い結びつきを築くことの両方を実現しやすくなります。小さな学校は教師の数も少ないので、教師のコミュニティーを築くことと「教師一人ひとりを大切にした」教師の学び[3]を提供することの二つの間で健全なバランスを取ることがより容易になります。ＭＥＴでは、私たちが生徒の学習計画をつくるのと同じ方法で「教師の学び」を行っています。誰もがそれぞれ自分の計画をもっていて、その上でグループ全体が必要としていることを探します。これは、多くの学校が行っているアプローチより、はるかに自然なものです。私たちは生徒や教師が必要としているときに、必要としていることを継続的に提供します。校長は教師を見守り、彼らの長所と短所について話し、自分の考えを伝えることで教師自身で解決策を思いつくように助けます。ある問題に直面している教師が一人だけならば、その他の教師がその問題についての研修を三時間も受ける必要はないのです。

　表面的には、教師全員がチームビルディングのワークショップに参加したり、専門家を招いて思春期の若者の発達について講義をしてもらったりすることはいいことのように思えます。しかし、実際は、そういったよかれと思ってしていることが、すべての教師に役立つとは限らないのです。これはまさに、不適切な画一的アプローチの一例でしょう。**私たちは教師（そして校長も）を学習者と考える必要があり、彼らが学んでいるときに必要としていることに一つずつ取り組んでいかなくてはならないのです**。学校はすべての人にとって成長する場でなければなりません。もし教師が学び、成長しているのなら、生徒もまた同じように学び、成長しているはずです。

教育や学校の構想に、一人ひとりを大切にするという観点から取り組めば、旧態依然とした従来のやり方は大きく変わります。このことは、学校教育に関するあらゆることを新しい見方で見ることを意味しています。たとえ、カリキュラムや規律のような教育における複雑な問題だとしても、一人ひとりの生徒に合ったやり方で対応することは実際に可能なのです。

カリキュラム開発の三つのポイント

――カリキュラムに頼らないことだ。なぜなら、物事の本質を教える課程などないのだから。

ジョン・チャーディ[4]

言うまでもなく、本書は広い意味でのカリキュラム開発について書かれたものです。もし本当に教えることと学ぶことを中心に取り組んでいれば、学校のルールを決めることから、校長を含めた教職員の研修、保護者と協力して取り組むことまで、あなたがすることすべてが「カリキュラム開発」なのです。ここでは、三つのポイントを紹介したいと思います。この三つのポイントを通して、「一人ひとりの生徒を大切にする」という理念から考えることによってカリキュラム開発に取り組む際の見方がいかに変わるかをよく理解してもらえると思います。

一つ目に、生徒向けのあらゆる教育プログラムは、生徒のことを一番よく知っている人、つまり生徒の保護者と教師、そして生徒自身によってつくられるべきです。保護者は最初から関わるべきです。「最初」とは、最初に自分の子どものカリキュラムづくりの話を私たちが始めるときからです。私たちが教育についてもっている専門的知識と同じくらい、保護者は自分の子どもについてよく知っています。私が勤めていた学校のうち二つの学校で、私の過激な考えは保護者や地域の人から攻撃の的になりました。だから、METで保護者を徹底的に巻き込んでいるのは、ある意味では、自己防衛のためだとも言えます。もちろん、これはちょっとした冗談ですが、保護者が私に文句が言えないのも事実です。なぜなら、そのカリキュラムは保護者自身が自分たちの子どもにとってふさわしいと思って考え出し、決めたものだからです。

教育に携わる人は、保護者が生徒にとって最初の教師であるとよく言います。ですから、何を教えるべきかを考えるとき、教師にとって重要なのは、保護者の話をしっかり聞くことです。例えば、「うちの子は家でこうしている」「こういうふうにうちの子は反応する」「うちの子が夢中で学ぶのはこれだ」「うちの子はたった一年しか学校でうまくやれなかったけど、それはどうしてだろう」などと語るのをきちんと聞くことです。保護者に敬意を示さなければいけません。これは、まだ一五歳だったとしても、自分がどんな人間で、何を必要としているのかといった考えをしっかりもっている生徒に敬意を示さなければならないのと同じです（もし生徒が「わからない」と言ったとしたら、生徒をもっとよく見て、生徒の話にもっと耳を傾ける必要があるだけなのです）。

一人ひとりに最適なカリキュラムをつくるという目標が、教師にさらなる負担を強いると考える人もいるかもしれません。しかし、一人ひとりの生徒に合った学校をつくるために、自分ができることは何でもするという柔軟性をもつことができれば、教師の仕事はより自然なものになります。問題の解決法や生徒と協力する方法を、教師が自由に考えることができるのです。目の前にいる「リアル」な世界の生徒にまったく何の関係もない、抽象的で硬直したカリキュラムに教師は縛られてはいけないのです。このように、一人ひとりの生徒の「アドバイザー」であることは、多様な生徒がいるクラスの「教師」であることよりも、はるかに自然な役割なのです。

二つ目に、教師は生徒にスキルと知識を教えなければいけません。おそらく、生徒が学ぶべきもっとも大切なスキルは、より多くの知識を探すスキルと実際に物事を成し遂げるスキルです。大学生であっても、どのようにプロジェクトに取り組めばいいのかわからない人がかなりいます。これは、社会人としての電話のかけ方や人間関係の築き方、ミーティングの計画の立て方など、「リアル」な世界での物事の進め方を教えられていないためです。また、コンピューターや科学技術が発達した現代では、世の中にある情報量は今この瞬間も増え続けていて、限られた知識を教えることはもはや役に立たなくなっています。ですから、生徒が知識を得たいと思えるように工夫したり、知識を得るために生徒が必要とするスキルを教えたりすることが重要なのです。「魚を与えるのではなく、魚の釣り方を教えよ」という格言を聞いたことがあると思います。歴代大統領や元素記号のような事実のリストを生徒に与えて暗記させるよりも、生徒が自分自身で情報を見つけるために必要なスキルを教える方がいいということが、なぜ理解できないのでしょうか？　なぜ私たちは来る日も来る日も、生徒に別の魚を与え続けるのでしょうか？　生徒が一八歳、あるいは二二歳になったときに、どんな奇跡が起こることを望んでいるのでしょうか？　その年齢になれば、人生で成功するために本当に必要なスキルを生徒は自然と身につけるのでしょうか？

三つ目に、私たちを取り巻く「リアル」な世界を活用し、祝福しなければいけません。[5] 私のお気に入りの引用をもう一つ紹介します。詩人であり哲学者でもあるラビンドラナート・タゴール[6]の言です。「我々は地理を教えることで、子どもから地球を奪っている。文法を教えることで、子どもから言葉を奪っている」

ＭＥＴを始めたばかりの頃、カリキュラムに「あまりにも計画がなさすぎる」という批判がありました。私はこの批判を滑稽に感じました。教科書に計画があるのでしょうか？　例えば、歴史の教科書では、ほんの二、三ページのうちに、ある戦争から次の戦争、そしてまた次の戦争へと飛びます。生物の教科書では、消化器系統に三つの段落が割かれ、その後、神経系統に完全に変わります。教科書の出版社は、生徒が生物の教科書を終えなければ化学の教科書は読めないと言いますが、その理由を、それが物事を学ぶ「正しい順序」だからだと言います。誰がそこまでの権限を教科書会社に与えたのでしょうか？　ちなみに、アメリカでは、ハーコート、ホートン・ミフリン、マグロウ・ヒル、ピアソンのたった四つの出版社[7]が教科書市場の七〇％を占めていることをご存じでしょうか？　この事実は、一人ひとりを大切にして教えるという考えとまったく正反対の考え方である「ナショナル（全国統一）・カリキュラム」[8]の方向に向かっていることを表していると思いますが、もしそうでないというのなら、「ナショナル・カリキュラム」とは一体何なのかが私にはわかりません。

ここで一つ指摘しておきたいことがあります。それは、教師が頼っている教科書が学齢や発達に応じた順序で編集されていたとしても、その順序はあくまでも生徒ではない他の誰かが決めた順序だということです。**私たちが気にかけるべきは、生徒一人ひとりに合った順序です**。もしマーカスが今、詩に夢中になっているなら、一〇年生のカリキュラムにあるからといってヘミングウェイを読む必要はないのです。マーカスは今、詩を読んだり、書いたりしているべきなのです。なぜなら、それがマーカスにとって正しい順序だからです！　従来のカリキュラム開発では、手持ちのすべての情報から、すべての生徒に何が必要かを決めていました。それよりも、すでに生徒の中にあるものを見る必要があり、それを利用して、どうすれば生徒がもっと学ぶことができるかを考え出す必要があるのです。

スタッフの一人が以前、自分の高校時代の話を私にしてくれました。彼女はベトナム戦争に興味があったのでレポートを書こうと思ったのですが、許可されなかったのです。理由は、教科書ではまだ独立戦争を扱っていたからでした。私は彼女にＭＥＴの生徒についてのお気に入りの話をしました。ダニエルは私が東南アジアに行ったことを知っていたので、いつもベトナムについての質問を私にしてきました。ある日、私が彼になぜそんなにベトナムに興味があるのかを聞いたところ、彼は一〇歳の頃から、父親に戦争の話をしてもらいたかったという話をしてくれました。ダニエルの父親は退役軍人でしたが、ベトナムでの経験がトラウマになっていたので、家族にその話は一切しませんでした。だから、ダニエルは父親が従軍した戦争について調べて、レポートを書き始めたのです。その結果、ダニエルの父親は引き出しにあった勲章を彼に見せることになったのです。

話はそれで終わりませんでした。ＭＥＴでの「カリキュラム」の一環として、ダニエルはベトナム戦争をどのように教えたらいいのかを学ぶ、大学で行われた教師向けの研修に参加したのです。彼はインターンシップで、ベトナム退役軍人が慰霊碑を建てるのに協力しました。卒業プロジェクトが迫ってくる頃までには、ダニエルは気兼ねなく父親と話すことができていたので、二人は協力して資金を調達し、二人ともベトナムに行くことができたのです。そのとき、ダニエルは一八歳で、奇しくも父親が最初に従軍してベトナムに赴いたのと同じ年齢でした。二人はベトナムを見て回り、ベトナム戦争について、そしてそれがベトナムやそこに住む人たちにどのような影響を与えたのかについて学びました。二人とも日記をつけていて、アメリカに帰ってから二人はベトナムでの経験を話して回りました。ダニエルはウェブサイトを立ち上げて、他の生徒がベトナム戦争について親と話すことができるようにしました。今この文章を書いている時点では、ダニエルは大学四年生となり、歴史学の学位を取得して、ＭＥＴのアドバイザーとして戻ってくる予定です。

私たちはあのとき、ダニエルがベトナム戦争について学ぶことを「許可」しました。なぜなら、それが、彼がそのとき必要としていたカリキュラムだったからです。繰り返しになりますが、**どの生徒にも合うたった一つの事前に定められたカリキュラム（学習内容）などないのです**。

この話は、正式なカリキュラム開発ではほとんど触れられない学びに関する別の側面も物語っています。それは、自分が今置かれている環境から出て、学びを「リアル」なものにする大切さです。カリキュラムには生徒が教科書から頭を上げて、教室、町、そして可能ならば国の外に出ていくような経験がなければいけません。都会の貧しい家庭で育ったもの静かなＭＥＴの生徒は、一九九六年にニューハンプシャー州での野外リーダーシップの旅に参加して、人生が変わりました。彼は家に戻ってから、母親とベッドに座って、そこでの経験を二時間も話しました。これは、その生徒が学校のことについて母親に話した中でもっとも長い時間であり、母親はその時間がそれまでの人生の中で最良の時間だったと言っていました。その旅行に参加していた別の生徒も同じような経験をしており、そのときの様子を次のように言っていました。「私は貝のように自分の殻に閉じこもっていました。でも、その貝が開いて、花が咲くように、『私』が出てきたのです」。それから、ソーニャという生徒がいました。彼女は学校をまったく重要だと思っておらず、とても手のかかる生徒でした。しかしアフリカ系アメリカ人の歴史に少し興味があると言っていました。METのおかげで、彼女は地元の大学の公民権活動家と一緒に「フリーダム・ライド」[9]に参加することができました。ソーニャはまだ大学生ではありませんでしたが、その教授と彼の学生のグループに加わり、南部を旅し、四人の女の子が爆弾によって殺されたアラバマ州バーミンガムのバプティスト教会や、警察が消火ホースや警察犬を使ってデモ隊を襲ったバーミンガムの公園、ローザ・パークスが逮捕されたモンゴメリーのバス停など、公民権運動時代のもっとも重要な場所を訪れました。ソーニャが帰ってきたとき、彼女が今回の経験から得たもっとも大切なことを話すのを聞いて、私は本当にうれしくなりました。彼女はこう言ったのです。「以前は学校に遅れて来ても、それを悪いことだとまったく思っていませんでした。しかし、私が学校に行くことができる権利を得るために亡くなった人たちがいたということを知って、私は今、まったく違う視点でこれまでの自分の行動を振り返ることができるようになりました」

生徒が自分自身のカリキュラムに命を吹き込めるように、METでは、できる限りのリソース（学校の外には本当にたくさんあります）を探しています。日帰りの遠足や宿泊研修、そして特に、ソーニャやダニエルがしたような完全なイマージョン[10]の経験がこの種の学びには欠かせません。保護者から支援を得たり、生徒が自分自身で資金調達をしたり、奨学金をもらったりしながら、あるいは、教職員が学会に参加したり、METの系列校を訪ねる際に生徒を連れて行ったりすることで、すべての生徒がMETに在学している間に少なくとも一回は本物の旅ができるようにしています。左記に、METの生徒が自分たちのユニークな体験についてジャーナル[11]やレポートで書いたものからの抜粋を紹介します。彼らが書いたものは本当に素晴らしく、教科書を使っているだけでは決して実現できない自分だけの学びを経験したことを示しています。そして、彼らが書いたものを読むと、一人ひとりの生徒にとって、学びとはどのようなものであるべきかがわかります。

私は真剣に勉強ができましたし、アメリカに帰ったときのことについてかなり考えました。ここで私に、いわゆる「お告げ」があったのです。ポトレロ[12]の砂埃が舞う道を私は歩いていました。そのとき、私は自分がかなり速く歩いていることに気づきました。「なぜ私は急いでいるんだろう？　私がいなければならない場所はどこなのだろう？」と自問したのです。

私がいるべき、本当に重要な場所はどこなのか？　このことを考えると重々しい気持ちになりました。そのとき（あまりに「宗教的」だったら、すみません）、私はかなり珍しい色のトカゲのすぐ前を歩いていました。私は立ち止まって、そのトカゲをじっくり見ました。本当に珍しいトカゲでした。そのトカゲを見て、私は考え込みました。「今まで考えたこともなかったけれど、自分の国にどんな誇れるものがあるだろう……」

私はこんな時間が大好きです。なぜなら、その時間のおかげで、お告げがどんなものかを考えるだけでなく、頭が働くからです。どのぐらい頭が働くかというと、マックトラック[13]からジャンパーケーブル[14]を使って、バッテリーが上がった車を復活させるぐらいの刺激です。

私は英語に対する理解をかなり深め、他の言語を学ぶ前に、むしろ自分の母語である英語をもっと理解したいと思っていることに気づきました。それまで英語がとても表現力豊かな言語であるということに、私はただの一度も気づいていませんでした。

ジェシー・サッチマン（コスタリカへの旅から）

太陽がとてもまぶしく、氷に反射して、周りのものすべてを明るく照らしていたので、私はサングラスをかけていました。空は青々として気持ちがよく、氷を登っている間、アドレナリンがずっと出ていました……アラスカに行って氷山に登ったことがあるのは、近所で私だけです。

デレク・アマード（アラスカへの旅から）

日本での最後の数か月にあった大きな出来事は、ある大道芸人の一団に参加したことでした。その一団は「大田楽」と呼ばれていて、「大きな路上のお祭」という意味です。さまざまなグループがあり、その中でもさまざまなパートに分かれていて、誰でも参加できるのです。ホストマザーが「踊ってみたら？」と言ってくれたので、そうしました。……指導者の方がとても厳しく私たちを指導しましたが、空手で鍛えられていたので、私の動きは悪くなかったと思います。

お祭りがあったその日のことを今も鮮明に覚えています。着物を着て、顔が隠れるぐらい大きな帽子をかぶり、私は長い道のりを歩いていました。歩きながら、私は自分がしていることを振り返り、私がこのお祭りに参加できていることがどれほど素晴らしいかに気づいたのです。

帰国後、たくさんの人に「変わったなぁ。見違えたよ」と言われました。ある意味、私はそれほど変わっていないのですが、なりたい自分に近づいたとは思います。

クリストファー・スウェプソン（日本への旅から）

旅に出て二週目と三週目に、地域のすべてのサンゴや藻類、マングローブ、魚の一般的な名前とその学名を学びました。これは本当に大変で、かなり勉強をしました。名前を覚えてから、シュノーケリングに行き、名前を覚えた動物を自然の中で確認しました。このことを通して一番学んだことは、体験から学ぶことの大切さでした。私にとっては、実際に体験しながら学ぶのが一番効果的だとわかりました。

この旅のおかげで、さらに海が大好きになりました。そして、学校でもっと頑張って、将来あんなところで研究をしたいと思うようになりました。何よりも、今回の旅で、人生においてシンプルなものこそ素晴らしいということを学びました。私たちの滞在したところは、それほどたくさんのものはありませんが、人々は毎日笑顔で過ごしています。私は南カイコス諸島[15]とそこでの経験を生涯忘れません。

ジェイソン・ワッツ（タークス・カイコス諸島への旅から）

した。

——私は学びを深めるために、対立や矛盾をどのように活用したらいいのか、わかるようになってきました。

マイルズ・ホートン

生徒指導

この節を「生徒指導」としたのは学校でそう呼ぶからなのですが、私は「生徒指導」という言葉が好きではありません。ウェブスター辞典で「生徒指導」を調べると、定義にある最初の言葉は「訓練」となっています。今日の教育で生徒指導とされているものは、生徒に何かするように訓練するというものではなく、懲戒を感じさせるものです。個人的には、学校で生徒指導という言葉を使うべきでないとさえ思っていますし、生徒指導という言葉の印象を根本から変えたいと思っています。

「処罰」という言葉の使い方も好きではありません。なぜなら、処罰も間違った言葉だからです。ほとんどの人は生徒指導が処罰を与えることだと考えていると思います。しかし私は、生徒指導とは、生徒はもちろん、コミュニティーとしての学校のためにも正しいことをすることだと思っています。他の人が学んでいるのを邪魔したり、何らかの形でコミュニティーとしての学校を損ねる生徒がいたとしたら、私たちは学校の他の取り組みと同じ目標をもって介入しなければなりません。**教師の目標は、生徒が学び、成長し続けるようにすることです**。ですから、その生徒だけではなく、すべての生徒が学び、成長し続けることができるのであれば、できることは何でもします。確かに、このことは処罰やその行為が招いた結果のように見えることもあるかもしれませんが、処罰が重要なわけではないのです。処罰の目的は正義でさえありません。そうではなく、生徒が成長し、コミュニティーとしての学校を守り、学校文化を保つことができるように必要なことは何でもするということです。そしてその結果、その生徒や他の生徒たちが学び続けるのです。まだ言い足りないぐらいですが、もしこの考えをもとにして、生徒指導や処罰ではなく、学びを目的として問題に取り組むなら、「一人ひとりを大切にする」ことができる個別化された学校をつくることに貢献できているのです。

第3章で学校の雰囲気について書きましたが、私は**例外に基づいて規則をつくるべきではない**ということを強調しました。一九三八年にデューイも同じことを言っています。「例外が規則を証明したり、あるべき規則の手がかりになったりすることはめったにない」。これが学校の規則の見方を変える第一歩です。

セヤー高校で私が最初に行ったことの一つは、生徒が校則を書き換えるという長期にわたる取り組みでした。校内のすべての生徒がその取り組みに関わりました。素晴らしい取り組みなのですが、生徒は常に教師が考えるよりも多くの規則を考え出すのです。生徒が考えたものを本当に大切なものだけに絞っていくと、大人と生徒が望む規則の大部分が同じものになることがわかりました。例えば、喧嘩禁止、薬物禁止、互いを尊重すること、学校を大切にすることなどです。生徒に規則を書いてもらい、その規則をわかりやすくシンプルなものにしてほしいと言うと、最初にあなたが望んだような規則ができるだけではなく、生徒はその規則にほぼ間違いなく従います。なぜなら、その規則は**彼らの規則**ですから。もちろん、このことは敬意と尊厳をもって生徒に接することにもつながります。与えたものは戻ってくるのです。車を運転する人にとって信号が必要なように、学校にも規則が必要であることを忘れてはいけません。規則があることで、障害物に邪魔されることなく、安全かつスムーズに前に進むことができるのです。

どのような行動が望まれ、どのような行動が許されないのかの規則ができて、その規則が一貫性のあるシンプルなものであるなら、当然従わなければなりません。しかし、生徒が自分の行動に対して、必然的な結果が伴うことがわかっている状況にあるとき、当然のように、放課後の居残りや停学、退学という今までと同じ到達目標に飛びつかないようにすることが重要です。自然界でも、そしてたいていは大人の世界でも同じですが、**行動に対する結果は理にかなっているものでなければいけません**。喧嘩で三日間の停学を生徒に申し渡すとしたら、その三日間という期間が学校と生徒がその喧嘩から立ち直るのに必要な期間であるということがはっきりとしていなければいけません。不遜な態度であるということで生徒を処罰するのであれば、生徒に敬意を払った方法でその処罰を行わなければなりません。

優れた教師は、どうすれば処罰の内容と問題行動が釣り合うかを考えます。あるいは、単に停学にするのではなく、社会奉仕活動に参加させたりして、どのようにしたらその処罰がより実りのあるものになるのかを考えるのです。しかし、私が伝えたいのは、問題行動自体とその解決策をさらに深く見なければいけないということです。すべきことは、どうしたら生徒が、抱えている問題を自分自身で解決できるのか、そして、当該生徒と学校全体がどうしたら学び、成長し続けることができるか、その両方を理解することです。だから、もし真剣に取り組んでいないという理由で生徒に部屋から出ていくように伝えるのであれば、その生徒に真剣に取り組む姿勢とそうでない姿勢の違いを教えることによって、その生徒が成長できるようにし、他の生徒の学ぶ環境を保障するのが、真の目的であるはずです。

数年前、あるＭＥＴのアドバイザーが、その日の朝に喧嘩をした生徒のために一時間半を費やしていました。そのアドバイザーは、その生徒が始めた喧嘩で学校全体が危機に陥る理由を話していました。その後、その生徒は私にアドバイザーとの話がいかに有意義なものだったかを書いたメモを渡してくれました。そのメモには、喧嘩を見た生徒のところに行って自分のしたことを謝罪し、自分が本当はそのような人間ではないということを説明したと書いてありました。

ＭＥＴの学校文化では、喧嘩は誇れるものではありません。ＭＥＴで誇ることができるのは、自分のしたことを認め、それを素直に話すことなのです。この生徒の処罰には意味があったわけですが、実際は処罰以上の価値があったわけです。つまり、彼は自分がしてしまったことと、それに対する処罰についてどう思ったのかを前向きに話すことができるようになったのです。

もし代わりに彼を二週間の停学としていれば、彼、あるいは私や学校は何を得たでしょうか？　あるいは、ゼロ・トレランス[16]の学校のように、彼を退学処分にし、彼が学びを続けることができないようにしてしまったとしたら、どうでしょうか？　重要なのは、生徒が受ける処罰そのものではなく、その処罰が及ぼす影響であり、結果として起こる学びなのです。

よくあることですが、教師は規律を利用して、本当の問題と向き合うことを避けます[17]。問題に対する安易な解決策の一例として、学校の方針としての居残りの罰があります。この方法は、そもそも問題がなぜ起きたのかを完全に無視しています。一人ひとりを大切にするという理念に従えば、**生徒や家族が置かれている状況にまつわるさまざまな問題を見ないわけにはいきません**。生徒のことをあまり知らないままに管理職が処罰を行うのを見ると不安になります。実際、そのような行為は教育のプロとしても、人道的にも受け入れられるものではありません。そして何より、生徒に対して失礼です。例えば、居残りをさせるという方針に意味がないことは皆さんが知っている通りです。それにもかかわらず、教師は居残りをさせ続け、なぜ同じ生徒が毎週居残りの部屋に戻ってくるのかと不思議に思っているのです。そして、生徒が居残りに来なかったとしたら、どうなりますか？　生徒は停学になるのです。おかしいと思いませんか？

対照的に、一人ひとりを大切にするという方針のもとでは、教師や校長は生徒になぜ遅れたのか、あるいはなぜ他の生徒の邪魔をしたのかなど、その生徒が行った問題行動が何であれ、まずは生徒にその理由を聞きます。その後、当該生徒の家族に学校に来てもらい、全員がその問題をよりよく理解できるようにするのが理にかなっているでしょう。そうすれば、生徒、家族、教師の全員が納得する独自の解決策で、その問題を解決することができるかもしれません。

生徒が好ましくない行動をしたとき、それは処罰すべき行動としてではなく、むしろ**変えるべき行動**として捉えるべきです。この考えの根本には、生徒が自分の行動を変えることに関与できるという見方がありま す。これは決して、その生徒を処罰したり、その生徒のために教師が行動を変えようとすることではありません。ほとんどの場合、生徒に「教訓を教える」ことが必要だと私は思いません（捕まったことだけで十分に生徒にとっては教訓になっています）。次する必要のあることを考えるだけでいいのです。

三年に一度ぐらい、かなり深刻な問題行動を起こす生徒がいて、どうしたらいいかわからないことがあります。それ以外の場合は、処罰はたくさんある選択肢のうちの一つでしかなく、最初に処罰を考えることは決してありません。たいてい、「なぜそんなことをしたのか？」と尋ねるだけです。従来の学校では、教師はできるだけ手間をかけずに、素早く解決しようとしがちですが、行動を簡単に変えることはできないのです。そして、生徒やその家族を尊重しながら、私たちは丁寧に一つひとつの問題を解決しようとしなければなりません。この努力なくして、個別化された学校がうまくいくはずがないのです。[18]

私が運営する学校の一つに、体操服に着替えるのが嫌だと言った生徒たちを放課後に残していた体育の教師がいました。それを知ったとき、その教師に頼んで、一人ひとりに話をしてもらい、着替えたくない理由を聞いてもらいました。彼らの答えは興味深く、それぞれの生徒に合う異なる解決策を考えるきっかけになりました。

ある男子生徒は自分の足が細いのを恥ずかしく思っていたものの、スウェットパンツを買う金銭的余裕がないと言っていました。どのような解決策が考えられるでしょうか？　私たちが九ドル九五セントのスウェットパンツを買ってあげると、それからは必ず体育の授業に出るようになりました。別の男子生徒は他の生徒の前で服を脱ぎたくなかったと言いました。どのような解決策が考えられるでしょうか？　ジーンズの下に体操服を着て登校したのです。それからは、彼も体育の授業を欠席することがなくなりました。

時には、頭を使った解決策が必要になることもあります。スティーヴンには前の学校を退学した経験があり、九年生を終わらせて次に進むために三度目の挑戦をしていました。彼は毎日二、三時間遅れて学校に来ていました。そこで、ただ居残りをさせたり、意味のない処罰をしたりするのではなく、彼が睡眠習慣を変えることができるようにしました。しかし、うまくいかなかったので、彼にいろいろと質問をしてみると、スティーヴンが遅れず登校するために起きておかなければならない時刻よりも二時間も前に母親が家を出ていくことがわかったのです。私たちは彼に電話をして起こそうとしましたが、これもうまくいきませんでした。最終的に、母親と同じ時間にスティーヴンを起こして、母親が車で仕事に行く途中で私の家に彼を降ろしてもらうようにしました。私は太極拳の稽古やランニングをするために起きている時間だったので問題はありませんでした。そして、スティーヴンと私はその後、毎朝運動をして、それから一緒に車で学校に行きました。もちろん、彼はそれから一度も遅刻をしませんでした。その後、スティーヴンは入っていたバンドをやめてしまったのですが、なんとその理由はバンドの他のメンバーが時間通りに練習に来なくてイライラするからでした！

これを極端な例だと思われるかもしれませんが、うまくいったという意味では極端ではないと思います。私は、スティーヴンの母親に関わってもらおうともともと考えていましたし、朝の日課はすでに私のルーティーンだったので、問題ありませんでした。一人ひとりの生徒に対してこんなことができる校長は一人もいないと思いますが、関わっているすべての人にとってうまくいくような状況であれば、それが可能になるのです。そして、校長は想像力を働かせ、利用できるリソースを使い、生徒を助けることができるのです。この例が極端に聞こえたとしても、処罰するというよりも、状況をよく理解し、生徒の行動を変えるような、理にかなった解決策をただ見つけているだけなのです。

●
●
●

規律に関してもう一つ大切なことは、校長や教師が**それぞれの問題行動を、ただ単に生徒が起こす問題としてではなく、環境によって起こる問題として見なければいけない**ということです。

校長や教師は、学校で生徒が問題を起こす原因は何なのかについて自分自身に問いかけなければなりません。例えば、生徒がクラスで楽しく過ごしていれば、ほとんど問題行動が起こらないということを私たちは知っています。そして、生徒が楽しいと思う授業とは、主体的に取り組める授業であることも知っています。生徒が興味のあることについてプロジェクトに取り組んだり、「リアル」な世界に関連し、影響を及ぼしたりすることをしていると、生徒はメモを回したり、授業中に一〇回もトイレに行ったりはしません。生徒の問題行動の原因に目を向けなければいけないのです。生徒が自分のしていることに興味をもっていれば、気晴らしをしたり、他にすることを見つけたりする必要はありません。

学びをおもしろくすることとは、学習と規律を自分のものにすることと同様に、生徒と共に学んでいく上で基本となることです。旧態依然とした規律を押しつけた結果は多くの教室で見ることができます。生徒は静かに座って、礼儀正しくしていますが、教師が背を向けた途端に手で品のない合図を送ったり、他の生徒の答案をのぞいたりします。METでは、生徒が自分自身で規範意識を高めることができるようにしています。**自分を律することができれば、努力次第でいつでも、どのようなことでも生徒はうまくやれると私たちは信じています**。

かつて、他の学校の生徒がMETを訪問したことがありました。その日の終わりに、私たちはその生徒たちと振り返りを行いました。一人の女子生徒がグループでプロジェクトに取り組んでいる生徒と一緒に座っていたのですが、彼女は「生徒全員が本当に一生懸命頑張っているので、どこに隠しカメラがあるのかずっと探していました。きっと誰かが監視しているはずです」と言いました。もちろん、カメラなんてありません。生徒にとって取り組んでいることが興味のあることだったので、自分を律することは難しくなかったのです。

METでは、生徒が興味をもっていることを見つけ、その興味について生徒が自分自身で学習の目標や基準を定めることができるようにします。大学に進学した卒業生が戻ってきて、他の学生よりもかなり優位に立っていると言います。なぜなら、彼らは時間の管理の仕方や指示をされなくても、すべきことの取り組み方を知っているからだと言います。これは自分を律した結果です。生徒は自分を律する力を養います。多くの人が言うように、そうしないといけない環境にあるからです。教育の個別化というのは、一人ひとりの生徒が受ける支援を個別化するということだけではなく、その生徒自身の学びのために、一人ひとりの生徒が負う責任を非常に大きくするということなのです。

――今、私は自分が学んでいることに対して責任をもっていて、私にはこのやり方が合っていると感じています。ときどき、壁にぶつかりますが、アドバイザーに会ったり、問題を一つずつ解決したりして、何とか乗り越えています。自分のペースで学ぶことができ、そのおかげで（他にも理由はありますが）学校がうまくいっているのです。この学校は普通ではありませんが、でもそれがいいのです。

MET生が一一年生に進級するためのテストの一部として課されている作文からの抜粋

学びを深めるための問い

1 「一つのやり方が誰にでもあてはまる」という経験がこれまでにありますか？

2 自分で学んだことが、さらに学ぼうとやる気を出すきっかけになったという経験について教えてください。また、そのことから教育について、どんな示唆が得られますか？

3　あなたが考える、すべての生徒が学ぶべきもっとも大切なことを書き出してみてください。その上で、あなたの同僚や友人に同じことをしてもらってください。あなたの回答とどこが違っていて、どこが同じでしょうか？　あなたたちの学校は、回答に書いたようなことを生徒に保証しているでしょうか？

4　どうしたら生徒が知識を身につけたいと思うようになるでしょうか？　生徒が知識を身につけたいと思うようになったとしたら、生徒が知識を身につけるための一番いい方法はどのようなものでしょうか？

5　あなたが学校に通っていたとき、学校で学んでいたことと、興味をもっていたことが一致していたときのことについて教えてください。その経験は、学習内容と興味が一致していなかったときとどう違うでしょうか？

6　一人ひとりの生徒を大切にして教育できるように、従来の学校が学び直し（unlearn）した方がいいことは何ですか？[19]

7　真に個別化された学校にするためには、どんなことを変える必要があるでしょうか？　また、あなたは何から始めますか？

1……このことに関して注目すべき本があります。それは、『あなたの授業が子どもと世界を変える――エンパワーメントのチカラ』(特に第10章。ジョン・スペンサー＋A・J・ジュリアーニ著、新評論)と、そこで紹介されているトッド・ローズの『平均思考は捨てなさい――出る杭を伸ばす個の科学』(早川書房)です。これらを読むと、平均アプローチの恐ろしさがわかります。

2……台詞一文を発声するとき、弱く発声する音節と強く発声する音節を交互に五回繰り返す表現方法のことで、シェイクスピアの作品でよく使われている詩のリズムです。

3……ここで使われている言葉は、professional development ですが、最近は、professional learning が使われています。日本的に訳せば「教員研修」ですが、それにはやらされ感やイベント的であるイメージがつきまとっています。大切なのは、教師の主体的かつ継続的な学びです。と同時に、私たちが生徒対象にしていることと、教師対象にしていることが「入れ子」状態になっていることも気づかせてくれます。

4……John Anthony Ciardi はアメリカの詩人、作家、語源研究家。

5……翻訳協力者曰く「各教科の先生はこの三つ目の『リアル』な世界への『参画』を真剣に考えないといけない。知識がないから社会に出すことができないと思っていないか?」。

6……Rabindranath Tagere は、インドの詩人、思想家、作曲家。一九一三年に『ギタンジャリ』によってアジア人として初めてノーベル賞(ノーベル文学賞)を受賞しました。

7……ハーコートとホートン・ミフリンは二〇〇七年に合併し、現在の社名はホートン・ミフリン・ハーコート。

8……全国の学校で教える内容や到達目標を一律にしたカリキュラムです。日本の文部科学省が出している学習指導要領に相当します。

9……フリーダム・ライド(自由のための乗車運動)とは、一九六〇年に公共交通機関の人種差別を撤廃させた非暴力不服従運動の一つ。自らを「フリーダム・ライダー」と呼ぶ黒人と白人のグループが、長距離バスに共に乗り込んで、人種による座席の区別のルールを公然と破りました。

10……学びたいことが学べる環境にどっぷり浸ることです。

11……生徒が自分の学びの過程や内容について、個人的な反応、疑問、気持ち、考え、知識などを記録する日誌。詳しくは『「考える力」はこうしてつける』（一一七ページ。ジェニ・ウィルソン＋レスリー・ウィング・ジャン著、新評論）を参照。

12……太平洋に面したコスタリカの小さな町。

13……アメリカのトラック製造メーカーであり、そのブランド名。

14……ブースターケーブル。バッテリーが上がってしまった車と正常な車のバッテリーをつなぎ、エンジンを始動させるために使うコード。

15……ハイチの北にある、カリブ海に浮かぶ島々。

16……ほんの小さな違反であっても罰則を適用する生徒指導の方法。

17……翻訳協力者曰く「確かに！！！　自分が楽をしたいから、面倒を避けたいから規律を持ち出すことがとても多い」。

18……原注・デューイは次のように言っています。「どの生徒も皆物事によく反応するとか、また普通の強さの衝動をもつ子どもは誰でも、あらゆる機会に反応するものだなどと子供に思いを寄せるほど私はロマンティックではない。学校に登校するまえに、学校外での有害な状況におかれているため、その犠牲になっている子どももいるのである。また何ひとつ他に貢献することができないほど受け身で、はなはだしく御しやすくなってしまっている子どももいる。このようなことは、いくらでもありうることである。また、他に、以前の早まった経験ゆえに、生意気で気ままで、おそらくはもっぱら反逆的に見られる者もいるであろう。しかし、社会的統制の一般原理が、このような事例でもって定められうるものではないことは間違いのないことである。また、どのような一般的な規則も、このような事例に対処するために制定されえないことも事実である。教師はこのような事例を個別的に扱わなければならない。これらの事例は一般的な種類の中にはいるが、どの事例も全く同一のものではない。教育者は、極力その反抗的な態度の原因を発見しなければならない。」（『経験と教育』講談社学術文庫、八八ページ）

19……以下の二つのURLをご覧ください。①http://projectbetterschool.blogspot.com/2022/04/learning-unlearning-and-relearning.html　②https://twitter.com/k0ccyak015sa1/status/1312113733095706624。

①

②

第5章
生徒の興味関心から学び、情熱を追い求める

人が今いる場所から始めなければならない。
なぜなら、その場所こそが、その人の成長が始まるところだから。
その場所は、決して抽象的なところではなく、現実にある場所で、
あなたや他の誰かではなく、その人のいる場所である。

——マイルズ・ホートン

チアという生徒が「死について研究したい」と言ったとき、私たちはどうしたらいいのかわかりませんでした。彼女はMETに入学して一年目で、これが最初のプロジェクトでした。しかし私たちは、関心のあることを通して学ぶ学校をつくると生徒に約束していたので、ぜひやってみるように言いました。そこでチアは、葬儀場や墓地を訪れ、そこにいる人たちと「死」について話し始めました。ある回のエキシビションのために、彼女はプロジェクトの論文を二三回も書き直して発表しました。この生徒がその前年は留年ぎりぎりの成績で中学校を卒業し、しかも喧嘩や他の問題も抱えていたなんて信じられるでしょうか？　しかし、実際に目の前には、最終論文を見せながら誇らしげに微笑んでいる彼女がいたのです。

チアの発表の後、誰かが手を挙げて、死の研究を続けるつもりなのかと質問しました。一つのテーマについて、こんなに情熱をもって取り組んでいる生徒を見たことがなかったので、彼女はこの質問にきっと「はい」と答えるだろうと思っていました。しかし、チアは「続けるつもりはない」と言ったのです。彼女は、私たち（家族、先生、友人）に「死が私の頭の中の九八％を占めていました。今はもう頭の整理ができて、前に進む準備ができました」と説明しました。彼女はそれから、友人の死をきっかけに「死」に興味をもち、クメール・ルージュによって殺されたカンボジアの祖先に一体何があったのか知りたいと長年思っていたことを話してくれました。

私がチアから学んだのは、**生徒が学ぶことができるようにと私たちが与えるものは、すでに生徒自身の中にあるものほど重要ではないということです**。すでに生徒自身の中にあるものから始めれば、彼らはあなたが教えられる以上のことを学ぶでしょう。その後、チアはファッションとコンピューターを学び、大学に進学して、今も活躍しています。

オバシという生徒は、ロードアイランド州のすべての養子縁組機関について調査したいと考えていました。情熱的で献身的な彼は、養子縁組に関わる膨大な数の人々を訪ね、インタビューをしました。オバシはナイジェリア出身で、目の前で両親が殺されるのを目の当たりにしました。アメリカに来て、しばらく国の児童養護施設で過ごしてから、ロードアイランド州郊外の白人家庭の養子になりました。しかし、うまくいかず、彼は再び児童養護施設に戻ってしまいました。これが彼の人生でした。彼が養子縁組の研究に情熱をもって取り組んでいたのも納得できます！　教科書や標準化されたカリキュラムでは、彼をあれほど学習に熱中させることはできなかったでしょうし、これほど多くのことを教えることもできなかったでしょう。

ダニエルという生徒は、秘書になりたいと思ってMETに入学しました。しかし、母親が手根管症候群[1]を発症したのをきっかけに、理学療法に興味をもち始めました。それからの数年間は、理学療法に関する大学の授業を受けたり、生物学を学んだり、理学療法のクリニックでインターンとして働いたりと、より深く学ぶためにできる限りのことをしました。インターンシップでダニエルが関わった患者は、**彼女が今していることに情熱をもっていた**おかげで、彼女以上に恩恵を受けたことでしょう。結局、ダニエルはマッサージセラピーを学ぶために大学に進学しました。

やる気、情熱、学ぶことを愛する態度を育てる

一人ひとりの生徒を大切にする。どの生徒に対しても、その生徒に合うやり方で接する。これを実現するには、生徒が自分の興味関心を通して学び、情熱を追求できるようにすること以外に方法はありません。生徒の学びと感情を結びつけることで、教科を「学業」以上のものにすることができます。[2] 学ぶことの特権と

興奮を、生徒に託すということです。つまり、私たちは生徒が自分の興味関心のあることを学び、学習に興味をもてるように支援しているのです。一人ひとりの生徒を大切にするという理念に基づいた学校運営について私が述べてきたことは、**一人ひとりの生徒の現状を把握**し、そこから学習を発展させるというこの努力なしには実現できません。

新入生のニキーの最初のエキシビションは、殺害された有名なラッパー、トゥパック・シャクールに関するものでした。校長として、生徒が興味をもっていることをさせるという理念がＭＥＴにあることを喜ばしく思っていました。しかしその一方で、ニキーの母親が、新しい学校での最初の九週間の学習テーマとして、これはあまりふさわしくないと思っているのではないかと心配しました。しかし、ニキーがエキシビションで始めた議論は、私がこれまで聞いた中でもっとも素晴らしいものの一つでした。彼女のエキシビションを聞きに来た生徒は全員、トゥパックの歌詞をよく知っていて、それに対する自分の意見をもっていました。教師に言われたから発表を聞いているのではなく、自ら彼女のエキシビションに参加し、リラックスして、自分たちの言葉でやりとりをしていました。そのやりとりは思いがけず楽しいものだったのですが、それでもまだ私は、ニキーが九週間もこの研究に取り組んでいたことを少しきまり悪く感じていました。

それから一年半後、私は学校でニキーにばったり出会い、彼女がネルソン・マンデラについてのレポートに取り組んでいることを知りました。そのとき、彼女は南アフリカでの平和について学ぶ旅から帰ってきたばかりでした。しかも、その旅にＭＥＴから参加したのは彼女だけでした。ちょうど一年半前の九年生のときには、ニキーは、ネルソン・マンデラというテーマを扱うことはできなかったでしょう。当時の彼女はマンデラに興味がありませんでしたし、興味をもつきっかけもありませんでした。彼女が取り組むことができたのは、トゥパックだけでした。なぜなら、それがそのときの彼女だったからです。彼女は当時、怒りっぽい子で、トゥパックの歌詞に惹かれていたからです。しかし、ニキーのアドバイザーは、彼女の中で機が熟したときに、背中を押したのです。それからしばらくして、ニキーが最上級生になったとき、彼女は平和会議の開催に協力して州のリーダーとなり、南アフリカに戻ってさらに学ぶために資金集めをしていました。彼女のアドバイザーは、彼女がそのとき置かれていた状況からスタートし、彼女をより深い学びへと導いたのです。

●●●

学んでいることに興味をもっていたら、学び続けるように動機づけたり、強制したりする必要はまったくありません。ただ、学び続けるだけです。生徒が自分の学ぶ目的をしっかりもっていれば、それを追求するのを止めることはできません。仲間同士の同調圧力でさえ、学びを止めることはできないでしょう。とある「学校をサボる日（National Bunk Day）」[3]のことを覚えています。ある生徒が、別の学校に通っている友人が一緒に学校を「サボろう」と誘ってきたと教えてくれました。私は彼女になぜその誘いに乗らなかったのかを尋ねました。すると彼女は、「どうして私が学校をサボらないといけないの？　しないといけないことがあるのに」と答えました。学校ですることは彼女のしたいことであり、彼女は一瞬たりとも無駄にしたくなかったのです。このような学びに対する前向きな姿勢は、特別なものではありません。その証拠に、二〇〇三年のMETの出席率は九五・四パーセントであり、ロードアイランド州の公立高校の中で最高の出席率だったのです。

保護者はいつも、自分の子どもがMETで意欲的に取り組んでいるのを見て驚きます。時には、学びに対する子どもの変化に親がついていけず、おかしなことが起こります。例えば、こんなことがありました。ある日、ジョシュという生徒の母親が学校にやってきて、ジョシュのアドバイザーに、宿題が多すぎて、毎晩二時まで寝ずに勉強していると文句を言いました。ジョシュのアドバイザーはまったく宿題を課していないと説明しながら、つい微笑んでしまいました。ジョシュは、自分でやりたいと思って勉強していました。そのとき彼は、プロジェクトに取り組んでいたのですが、それは彼自身が完成させたいと思っていたもので、何より彼自身が自分に課したものだったのです。だからこそ彼は、プロジェクトに自分ができる限り一生懸命取り組んでいたのです。母親はそれを知って大喜びしました。

卒業式のスピーチでマーラという生徒が、ソーシャルワーカーになるために大学へ進学しようと思った理由を説明しました。そして彼女は、「髪を整える仕事から、人を助ける仕事へと私の進路は変わりました」と言いました。METに入学したとき、マーラは美容に興味がありました。美容室でインターンとして働いている間に、自分が美容師の社会的な役割を好んでいることや、人々が美容室を一種のセラピーとして利用していることに気づきました。彼女はソーシャルワーカーになることを真剣に考え始めました。美容への興味を追求することを学校が許可してくれなかったら、思いつきもしなかったような進路です。マーラの母親は、マーラが心から情熱を感じることに出会えて感激し、マーラのアドバイザーに感謝を込めて「私の娘はやっと地に足をつけて行動できるようになりました」と言っていました。

もう一つ、最後に紹介したいストーリーがあります。METの最上級生の一人が、毎年、何百人ものシェファレストラン従業員を輩出する地元の専門学校の面接試験を受けました。入試担当者が彼に志望動機を尋ねたところ、調理に情熱をもっているからだと説明しました。信じられないかもしれませんが、その入試担当者は彼に「そんな答えは今まで聞いたことがない」と言ったそうです。

――生徒は情熱をもって学んでいます。その理由は、他の誰でもない、自分自身が情熱を注いでいることを学んでいるからです。

METのアドバイザー

●●●

ここまで私が話してきた生徒の多くは、他の学校ではどうにもならないと、あきらめられた生徒たちです。METではあらゆる生徒を受け入れますが、私は彼らの多くが従来の学校ではやっていけないと思っています。実際、多くの生徒が、学校にはもう行きたくないと思いながら、私たちの元にやってきます。うまくいかないことが続いたせいで、自分には可能性がなく、学校は何もしてくれないと考えるようになっています。ボクシングにしか興味がない生徒がモハメド・アリについての本を手に取り、子どもたちのボクシングコーチとしてインターンをするようになれば、彼を夢中にさせることができたということです。彼の心を摑むことができたということです。小説の主人公ではなく、自分自身に何が起こるかを知りたいから、彼は学校に来て、そして、学校に居続けるでしょう。一八一二年の戦争がどうなったかではなく、自分がどうなるかを見届けるために、学校に来るのです。よい学校は、生徒が今うまくやっていくために必要な知識と、将来自分が望むように生きていくのに必要なスキルを与えることができます。よい教師は、生徒が今興味をもっているることを引き出し、生徒がそれを学ぶだけでなく、**学ぶことそのものを好きになる**ようにします。

――私たちは物事を逆さまにしてしまっている。まず、スキルを身につけてから、何か役に立つおもしろいものを見つけようという具合に。しかし、賢明で、最善の方法は、する価値のあるものから始めて、それを「したい」と強く思うことで、必要なスキルを身につけることなのです。

ジョン・ホルト[4]

興味と情熱をもとにした学びは、MET以外の学校ではうまくいかない、不可能なことではありません。私たちは皆、この方法がどこで通用するかを知っています。「リアル」な世界です！　**仕事で最高の成果を上げるのは、その仕事に情熱をもっている人である**ことを私たちは知っています。本当に単純なことです。大学生や社会人になると、キャリアカウンセリングで「自分のパラシュートの色」[5]を見つけるために、自分の好き嫌いや長所・短所を見るように言われます。私が言いたいのは、生徒にも同じことをすべきだということです。

美容に興味をもっている生徒がどうしたら数学を学ぶのか、あるいは、写真に興味のある生徒がどうしたら理科を学ぶのかという疑問が常にあると思います。その答えとして、アメリカ文化に大きな影響を与えた人物の一人であるクインシー・ジョーンズが一九七一年に語った言葉を紹介します。この話は、ロサンゼルス・パフォーミング・アーツ・センターの理事長が語ったもので、とても気に入っています。

私の友人であり、パフォーミング・アーツ・センターの理事であるクインシー・ジョーンズは、かつてこう言いました。「おいおい、文字が読めないロサンゼルスの高校生が問題なんだろう。彼らの興味に合わせて、やる気にさせたらどうだろう？　例えば、どの子も毎日R&B[6]を聴いているし、ビルボードチャートのトップ四〇も知っている。その子たちの興味のあるところから始めたらいいんだよ」

私は「どういうことだい？」と尋ねました。彼は、「R&Bの放送局や『ビルボード』誌を文字のトレーニング教材として使ってみたことはあるかい？　トップ四〇の歌詞を分析すれば、読み書きの問題が解決できる。それから、地理に興味をもたせるには、そのグループが登場する場所を地図に描かせるんだ。そして、視聴率やレコードの売り上げなどを使って、数学をさせることができる。全部ビルボードの情報をもとにやれるんだ」と説明してくれました。

野球が好きな一四歳の生徒に、どうやって数学に興味をもってもらうか、今すぐ座って計画を立ててみてください。車に夢中だけど、アメリカの地理のことはよくわかっていない一六歳の女子生徒のためのプロジェクトを考えてみましょう。文章を書くのは嫌いだけど、プロレス雑誌を読むのが好きな生徒のために、文章を書く課題を考えてみましょう。

このように考えると、教科書の順番で次に出てくるからとか、政治家が州のすべての生徒が知っておかないといけないことだと決めたからという理由で強制的に学ばせるのではなく、生徒が自分が望むように生きていくために重要だとわかっていることを学ぶように、動機づける方法を考え出すことができます。私は「教科」と呼ばれるものには相互関連性があると思っていて、ある生徒が高校の四年間で一つのこと（例えば、情熱をもっている音楽）だけを学んだとしても、自分が望むように生きていくために必要な他のスキルや知識を十分身につけることができると信じています。広さよりも深さを追求すれば、その生徒の中に学習した内容がしっかりと定着します。生徒にとって「リアル」であり、重要なことであれば、そして私たちが彼らの学びたいという気持ちと能力を尊重すれば、彼らはそれを学ぶでしょう。そして、**私たちが与える影響とは関係なく学び続けるでしょう。なぜなら、学ぶことが彼らの生き方になるからです。**

コーネル大学のロバート・J・スタンバーグ教授[7]が「エデュケーション・ウィーク」誌に寄稿した「『成功する』ための知能とは何か？」という記事を読むと、私たちがMETの卒業生に本当に望んでいることは何か、そして在学中に彼らにどう接し、彼らの関心事をどう扱うべきかを考えさせられます。それは、私たちがどの生徒にも望むことだと思います。スタンバーグは次のように書いています。

危険なのは、どんな分野においても、私たちの知能の測り方のせいで多くの才能ある人を見落としてしまうことです。心理学者、生物学者、歴史学者など、どんな学問でも、自分の興味を追求するには才能がないと思い込まされたために、可能性を秘めているにもかかわらず、その道から退いた人がいたかもしれません。あらゆる分野でキャリアを積むために重要な、成功するための知能の三つの側面を認識し、それらを発展させ、その価値を認めるような方法で教える必要があるのは明らかです。……成功するための知能とは、分析的思考、創造的思考、実用的思考という三つの異なる方法でよく考えることです。一般的に、テストや授業では分析的な知能だけが評価されます。しかし、学校で頭がよいと認められる知能のスタイルは、多くの生徒にとって、創造的で実用的な知能に比べて、大人になってからはあまり役に立たないかもしれません。

●●●

学校を「数学」を学ぶ場所と考えるのではなく、「数学者のような考え方を学ぶ場所」と考えてみたらどうでしょうか？　あるいは、「英語」を教えるために授業を設定するのではなく、子どもたちが自分の考えやアイディアを上手に伝えられるようにするにはどうしたらよいかをもっと考えてはどうでしょうか？　METでは、五つの学習目標に焦点を合わせて、生徒たちの学習を奨励し、評価しています。これらの目標は相互に関連しており、生徒が学びたいと思うほぼすべての「教科」に適用できます。それぞれの目標には名前をつけ、その目標を追求することの意味を生徒に理解してもらうために、柱となる問いを用いています。

現在、私たちが定めている五つの学習目標は以下の通りで、それぞれに、柱となる問いが一つあります。

◎**経験から考える**——どのようにそれを証明するか？
◎**量的に考える**——どのようにそれを測定したり、表したりするか？
◎**コミュニケーションの面から考える**——どのように情報を取り込み、表現するか？

◎**社会的に考える**――他の人はこのことについて何と言っているか？
◎**自分に引きつけて考える**――自分はこのプロセスに何をもたらすか？

もちろん、この考え方にはさまざまな方法がありますし、METでも常に粗削りな部分を修正し、改善策を模索しています。しかし、従来の「教科」ではなく、興味と学習目標に基づいてカリキュラムを編成するこの方法によって、生徒は**自分が望むように生きていくためのスキルや考え方を身につけ、さらに学びたいという意欲を高めるのに役立つ枠組み**を手に入れます。

――情熱、とりわけ大きな情熱だけが、魂を偉大なものに昇華させることができる。

ドゥニ・ディドロ[8]

一人ひとりの興味と共有された文化

生徒が自分の興味を追求するようになれば、カリキュラムを変えるだけでなく、学校での生徒間の力関係を根本から変えることになります。以前、マシューという生徒がMETについて、「ここには派閥がない。前に通っていた学校だと、自分が所属する特定のグループを選ばなければならなかった。ここでは、僕は全体の中の一人なんだ」と言っていました。自分の興味のあることについて論文を書き、自分で選んだテーマについて勉強し、自分で設定した学習目標に基づいて評価される生徒は、仲間との関係がまったく違ってきます。能力別に生徒を分ける必要がなく、「あのクラスは頭のいい子のためにあるんだから、そこに入っていない僕は頭が悪いに違いない」というような考えが蔓延する雰囲気もありません。従来の学校では、「多様性を大事にしよう」とどんなに力説しても、学習障害のクラスの生徒同士、AP[9]の生物クラスの生徒同士で固まってしまう傾向があることを誰もが知っています。また、そのようなグループの中でも、競争はあります。

それぞれの生徒が自分の興味を追求していれば、競争はなくなります。私が気に入っているMETのイメージの一つに、カールとフランコという二人の生徒が腕を組んで廊下を歩いているものがあります。カールの身長はおそらく六フィート（約一八〇センチメートル）、フランコの身長はおそらく四フィート一一インチ（約一五〇センチメートル）にも満たないでしょう。当時のカールは、緑色のスパイクヘアで、スタッズのついたレザーに身を包んでいました。フランコは自分のことを「コンピューター・ギーク」[10]と称し、地元の病院で他の「ギーク」仲間と一緒にコンピューターを修理するのを手伝うインターンをしていました。カールは地元のアートセンターのためにバンドのスケジュールの調整をしていました。そして、彼らは友人でした。彼らがこのような姿で廊下を歩いていたのは、お互いの違いを尊重しながら、自分の所属するアドバイザリーや小さな学校の一員として共に学ぶことができていたからです。このイメージから、生徒の興味に応じて、一人ひとりを大切にするカリキュラムを構築することで、**生徒全員が、一人ひとりがかけがえのない個人であると同時に、学校全体を形づくるかけがえのない一人であること**を可能にしているということが少しでもわかっていただけるのではないでしょうか？　これは、敬意に満ちた学校の雰囲気や文化をつくることで得られる、すべてのポジティブな点を高めるアプローチです。

教師もその恩恵を受けます。私たちの多くは、教師には学校以外の生活がないと信じて育ちました。食料品店やショッピングモールで教師を見かけると、驚きました。一方、METの生徒にとって、METのアドバイザーは、実際に普通の生活を営んでいる本物の人間なのです。アドバイザーは、生徒に家族や友人を紹介するだけでなく、家族や友人が興味をもっていることや情熱を注いでいることも紹介します。彼らの主な目的は、生徒のニーズや興味に応えることですが、生徒の視野を広げる方法も常に模索しています。

例えば、あるアドバイザーは、いつも魚釣りばかりしていた島から私たちの学校に赴任してきました。この人は今でもかなり釣りに興味をもっています。生徒を釣り人にするのは彼の仕事ではありませんが、何かに熱中している教師は、生徒に熱中することの意味を教えることができます。彼は自分のタックルボックス[11]を持ってきたり、生徒たちを釣り大会に参加させたりしたこともありました。釣り大会に参加した生徒の中には、それまで一度も釣りをしたことがない子もいましたが、この先生のおかげで釣りに目覚めました。先生が釣りについてどれだけ知っているか、釣りに関するものをどれだけ読んでいるかを目にし、彼らも釣りに熱中したのです。釣りにあまり興味のなかった他の生徒も、大人や子どもが何かに熱中している様子を目の当たりにしました。素晴らしい学びの機会でした。

おかしなことですが、一般的な履歴書には、その人の趣味や関心事が一番下に申し訳程度に添えられているだけで、ほとんどの面接官は見もしません。応募者が自分の個性を仕事に活かすことを誰も期待してはいません。それなのに、今でも多くの人が自分の趣味を履歴書に記入していますし、多くの企業がまだそれを求めています。私は個人の趣味や関心事を一番にチェックします。なぜなら、私たちは多面的な人間であることの証拠として趣味を評価しているからです。こだわりと言うほどの趣味をもっている人こそ、いい教師になるのではないかと私は考えています。

もし、生徒が自分の興味に従って学ぶなんてとんでもないと思っている人には、レッジョ・エミリアの幼児教育の手法を紹介しましょう。第二次世界大戦後、イタリアのレッジョ・エミリア市の親たちは、「子どもたちへの敬意と民主主義社会に不可欠な協働の精神に基づいた教育制度を構築することを決意」しました。一九八七年にこの教育制度がアメリカの教育者に紹介されて以来、何千人ものアメリカの教師や研究者がイタリアを訪れて研究し、今日ではアメリカに数え切れないほど多くのレッジョ・スクールが存在しています。レッジョの保育園や幼稚園は、私たちがMETで行っているように、子どもたちの知能、興味、好奇心を尊重し、「子ども主導」または「創発的」なカリキュラムを採用しています。多くの先生は、レッジョ・アプローチが生徒にとって最良の学習方法であると考えていますし、**何よりも子どもを十分に信頼しているからこそ、子どもが自分で学びの方向性を決めることができるようにしています**。「ティーチャー・マガジン」誌の記事では、このように説明されています。[12]

レッジョの進歩的な側面は、標準化された到達目標があり、テストですべてが決められてしまう時代には受け入れがたいかもしれません。それでも、ニューハンプシャー大学子ども学習発達センター（UNH Child Study and Development Center）のセンター長であるベス・ホウガンは、レッジョのアプローチに自信をもっています。「子どもたちに任せておけば、彼らはあなたをよい場所に連れて行ってくれる、と信じることです」と彼女は主張します。

彼女は、四、五歳の子どもたちを信頼しなければならないと言っているのです！　四、五歳の子どもが自分の興味に沿って重要な学習ができると信じることができるなら、一五歳や一六歳の生徒たちを信じることができないはずがありません。以前、ニューイングランドで行われたエセンシャル・スクール連盟[13]の会議で、METの新入生のグループが話をしたことがありますが、彼らの読書についての話に感心しました。彼らはそれぞれ、中学時代よりもはるかに多くの本を読んでいると言っていましたが、それはMETでは誰か他の人が選んだ特定の本を読む必要が一切なかったからです。METでは自分の興味に合わせて本を選ぶことができます。彼らは、学ぶために本を読む自由をようやく手に入れたと話していました。

●●●

スポーツをしているとき、社会見学の計画を立てているとき、好きな有名人について話しているときの生徒を見たことがあれば、**自分がしていることに関心をもっているときの生徒がどれほど違うか**がわかるでしょう。ミハイ・チクセントミハイらは、『*Becoming Adult: How Teenagers Prepare for the World of Work*（大人になるということ——一〇代の若者はどうやって仕事の世界への準備をするか）』という本の中で、これについて多くのことを語っています。思春期の若者たちを対象とした五年に及ぶ継続的な研究において、彼らは一〇代の若者が自分の将来についてどのように考えているか、また一〇代の若者の将来計画に対して他者がどの程度影響を与えているかを調べました。シカゴ大学の元教授であるチクセントミハイは、人が本当に幸せで充実した生活を送るために何が必要かをライフワークとして研究しています。生徒は自分自身が興味をもっていることによって、やる気を出す必要があると彼は説いていますが、私も同感です。彼の長年の研究からは、私たちがMETを立ち上げたときと同じ結論が得られています。

今から一〇年後、若者がどのような仕事に就いているかはわかりませんし、生涯にわたって実りのあるキャリアを確保するために必要な知識も私たちにはわかりません。しかし、一〇代の若者が、規律を守り、心身を使いこなし、責任感をもって、有益な目標に関わる経験をしていれば、明日の課題に立ち向かう準備ができていると期待してもいいかもしれません。

●●●

大学に入ったマックスは、他のクラスの学生が教授から返却されたレポートを捨ててしまうのが信じられませんでした。METでは、マックスは自分の作品を一度も捨てたことがありませんでした。なぜなら、すべて自分にとって意味のあるものだったからです。彼にとっては大学でも同じです。彼の話を聞いて、私も学生時代、成績通知表を見てからレポートを捨てていたことを思い出しました。**生徒が自分の作品を大切にとっておくかどうか**は、学校の質とそこで学ぶ生徒の学習の質を測る試金石です。

私がこの本を書くために使ったものはすべて、自分が学校を卒業した後の生活から得たものです。私は仕事を始めてから、紙切れや文章、読み物などを保存し始めました。なぜなら、私にとって重要で、今している仕事に関連するものだからです。大人になっても、このような紙の山はあるものです。私たちは、生徒が学校生活を通して自分で書いた紙の山が、私たちにとっての紙の山と同じように、生徒にとっても意味のあるものであるようにしなければなりません。**興味をもって学ぶことができれば、生徒は自分の作品を決して捨てたりしないでしょう。**

学びを深めるための問い

1　ある生徒が天文学（料理、ビデオゲーム、ファッション、野球、音楽、警察の仕事でも何でもいいのですが）に強い興味をもっていることに気づいたとしましょう。あなたはその生徒がその分野をさらに掘り下げることができるようにどんな支援をしますか？　その生徒は自分の興味を深く探っていくことで何を学ぶでしょうか？

2　スタンバーグは、「現実世界で成功するための知能は、分析的思考、創造的思考、実用的思考という三つの異なる方法でよく考えることだ」と言っています。生徒がそれぞれの方法で、あるいはすべての方法で、成功するための知能を発揮できるようになるために、学校はどのようなことができますか？

3　チクセントミハイは、仕事や遊びに夢中になっている状態である「フロー」[14]の重要性を説いています。あなたが何か新しいことを学んでいる最中に完全に「フロー」になったときのことを考えてみてください。その経験を、従来の学校で生徒が経験する典型的な学習とどのように関連づけることができますか？

4　あなたは学校や大学で書いた論文を捨てずにとっていますか？　そうしたのは（あるいは、そうしなかったのは）、なぜですか？

5　いつも切り取ったり、ファイリングしたり、ノートに書き留めたり、机の上の紙の山に加えたりしているものはありますか？　それは何ですか？　なぜそれをとっておくのですか？

1……指先の感覚や手の運動に関わる正中神経がある手首の手根管と呼ばれるトンネル状の部分が圧迫され、しびれや痛みが現れる病気。

2……日本では、依然として認知的なことを学ぶ教室では感情を排除する空気が強いですが、欧米では一九九〇年代から両者は切り離せないことが提唱されるようになっています。こういった学びはＳＥＬ（Social Emotional Learning）と呼ばれ、日本語に直訳すると「社会的・感情的教育」です。二六一ページにＳＥＬの関連文献が紹介されています。

3……ロードアイランド州の方言で bunk は学校を一日サボることを意味します。連休の前日は普通 National Bunk Day と呼ばれています。

4……John Caldwell Holt はアメリカの元教師で、教育改革、子どもの権利やオルタナティブスクール、ホームスクーリングを提唱しました。彼の邦訳書はすべておすすめです。

5……リチャード・ネルソン・ボウルズが一九七〇年に『*What Color Is Your Parachute?: Your Guide to a Lifetime of Meaningful Work and Career Success*（あなたのパラシュートは何色？――職探しとキャリア・チェンジのための最強実践マニュアル）』という、就職活動を支援するための自己啓発を目的とした書籍を出版しました。一九七五年以降、現在に至るまで毎年改訂され続けています。最新邦訳は、『適職と出会うための最強実践ガイド――求人の見つけ方から自己分析まで』（辰巳出版、二〇一四年）です。

6……「リズム・アンド・ブルース」の略で、アメリカのアフリカ系アメリカ人が生んだポピュラーミュージックのジャンルの一つ。

7……当時はイェール大学教授。

8……Denis Diderot はフランスの啓蒙思想の哲学者です。

9……高校生に大学の初級レベルのカリキュラムとテストを提供する早期履修プログラムのこと。

10……ギークとは「オタク」を意味します。

11……釣りで使うルアーを収納する機能的な箱のこと。

12……レッジョ・エミリア・アプローチでは、「子どもは一〇〇の言葉をもっている」や「すべての子どもたちは一人ひとり異なる」という教育理念のもと、個々の子どもの意思を大切にしています。答えのない「オープンエンド」のアクティビティーによって、子どもの創造力、コミュニケーション能力、自ら考える力や主体性を育むことを目的としています。

13……一九八四年にセオドア・サイザーが創設した組織です。著書の『*Horace's Compromise: The Dilemma of the American High School*（ホーラスの妥協――アメリカの高等学校のジレンマ）』で自身が提唱した学校全体の改革を推進するために設立されました。

14……あるいは「ゾーン」とも呼ばれます。集中力が究極まで高まって、感覚が研ぎ澄まされている状態のこと。

第6章
実社会での「リアル」な課題

本物の知識や理解が起こり得るのは、経験の結果としてだけだ。
このことはすべての教育者が学ぶべき教訓である。

——ジョン・デューイ

ほとんどの学校は退屈で、つまらない、刺激のない場所です。友人のロン・ウォークが「ティーチャー・マガジン」という教育誌で、生徒に学校での体験をもっともよく表している言葉を選んでもらうという調査について書いていていました。驚くほどのことではありませんが、その調査でもっとも多かった回答は「退屈」でした。ロンが紹介している別の調査では、生徒に学校で一番好きなことが何かを尋ねていました。もっとも多かった回答ですか？　「何もない」でした。人生においてもっとも刺激的で、いきいきと過ごすことができる時期に、日々の大半を退屈で、好きなことが何もない場所で過ごすというのは、とても悲しいことです。

いい学校だと評判の学校を訪れてみると、戸惑うことがよくあります。生徒は楽しそうにしているのですが、彼らが取り組んでいることを見てみると、意味がないのです。例えば、私がよく耳にする理科の体験型カリキュラムに、普通のペプシのボトルは沈み、ダイエットペプシは浮くという実験があります。これを学習と呼べるでしょうか？　まさかそんなはずはありません。単に板書をして話すだけの授業から脱却し、生徒参加型の授業をすることがイノベーションだと考えている教師にとっては、生徒が小グループに分かれて、観察したことをメモしているのを見るだけで満足なのです。しかし、この課題は「リアル」ではありませんし、なぜ普通のペプシが沈んで、ダイエットペプシが浮くのかを本当に気にしているような生徒は少ないと思います。

私の学校で実際に行われた、示唆に富んだ二つの単元（複数の授業からなるまとまった内容のユニット）の話を紹介します。一つ目は選挙の単元で、生徒は当時の候補者と、教育や環境問題などに対する彼らの立場について学んでいました。その後、生徒は町に出て、実際に有権者の登録を手伝ったのです。その単元を担当した教師が「デニス、生徒は本当によく頑張っていました。彼らはとても楽しんでいて、三〇〇人もの人を登録したのです。素晴らしい単元でした」と言ったのを覚えています。

　この同じ教師が行った旅行に関する次の単元では、まったく様子が違っていました。彼女が授業をしている教室に入ったら、間違いなくすべてがうまくいっているように見えたことでしょう。生徒たちは皆、作業に取り組んでいましたし、彼らは各々で旅行代理店に電話をして、それぞれの旅行計画を立てていました。生徒はとにかく忙しくしていました。しかし、この単元が終わってから彼女が私のところに来て、「選挙の単元では、生徒全員がAを取ったにもかかわらず、この単元では宿題をやらない生徒がたくさんいて、選挙の単元ほどやる気がありませんでした」と言ったのです。何が起きたのか彼女は知りたかったのです。この二つの単元の違いは何だったのでしょうか？　私の答えはとても簡単です。生徒たちのやる気が出なかったのは、自分たちが計画した旅行に行かないことがわかっていたからです。**この旅行の単元は、よく考えられた、いい授業でしたし、状況設定も現実にあり得るものでした。しかし、「リアル」ではなかったのです。**

　METを開校するにあたり、私の他の学校で本当にうまくいった実践を振り返ってみたのですが、それは選挙の単元のようなものでした。単元で行うことが「リアル」なら、どのような課題であっても生徒は取り組みます。しかし、旅行の単元のように、**学校で行われる課題は「リアル」なように見えても、それは本当の意味で「リアル」ではない**ことが多いのです。歴史、社会問題、仕事の問題、科学的探究、数学、作文、テクノロジーなど、あらゆる「リアル」な出来事が学校の外で起こっているのに、見た目も中身も「リアル」な授業をしようと、教師が学校の中で懸命になっているのを、私は常々おかしなことだと思っています。なぜ学校は、外の世界に出ないのでしょうか？　外の世界は**そのような資源であふれているのですから、学**

校はそれを活用するべきです。

私がセヤー高校にいた頃の二つの出来事を紹介しましょう。あるとき、とある不動産業者がやってきて、ウィンチェスターが住む価値のある町だということをアピールするパンフレットを作ってもらえないかと九年生に依頼したことがありました。その不動産業者はウィンチェスターの物件を売りたいと同時に、学校が最近変わってきていて、その変化がよい方向に向かっていると思っていたからです。学校がよくなっているというのは不動産業者にとってもいいことでした。なぜなら、セヤー高校は町で唯一の高校であり、過去にはセヤー高校の評判が悪かったせいで物件が売れなかったからです。月曜日にその課題を与えたところ、生徒はたった一週間で信じられないほど素晴らしい作品を作ってきました。デザインやレイアウトを考えたり、掲載する企業を探したり、利用できる社会活動を調査することなど、生徒のチームはそれぞれ異なる役割を担っていました。この不動産業者が金曜日の昼に再び学校に来ると、生徒は九〇ページの冊子を渡しました。生徒たちには、この冊子が実際に使われ、自分たちの町を変えることになるということがわかっていたのです。生徒は、教師から言われて、町の企業の名前を調べたわけではありませんでした。生徒は不動産業者の女性が自分たちを頼りにして戻ってくることもわかっていたのです。だからこそ、生徒たちはいい冊子を作りたいとやる気になっていましたし、自分たちが作ったものを誇りに思っていました。生徒にはこれが「リアル」な課題だということがわかっていたのです。

またあるとき、他の州がニューハンプシャー州と契約を結んで、州の農村部に廃棄物を捨てることになりました。その後、州の役人が貧しい町であるウィンチェスターに来て、狡猾にも「廃棄物をここに捨てさせてもらう代わりに、普通では考えられないような金額をお支払いします」と言いました。この申し出は経済的に貧しい町にとっては、とても魅力的なものでした。そのことを知ったセヤー高校の生徒たちは、どこに廃棄物を捨てるのか、その場所が帯水層にかかっているかどうか、汚染物質がどのように土壌に浸透していくのかなど、あらゆることについて調査を行いました。その結果、生徒たちは廃棄物を町に捨てさせることを阻止し、その功績によりシエラクラブ[1]の環境科学賞を受賞しました。このような学びや情熱は理科の教科書から、あるいは水の浄化についてきれいにパッケージ化された授業からは得ることができないのです。

　このような「リアル」なプロジェクトが、いかに生徒をやる気にさせるのかを私はますます実感するようになりました。また、こうしたプロジェクトによって、私たちが生徒を教室に閉じ込めて教えようとしていることと同じことを生徒が学ぶことができるということにも気づき始めたのです。これまでに生徒がプロムの企画や運営に取り組んでいるのを見たことがありますか？　素晴らしいですよ。セヤー高校で一番の「問題児」たちが皆の手伝いをし、必要なものを手配して、とにかくプロムをやり遂げようと夜中まで働いていたのです。生徒たちはそれまでに見たことがないほど、一生懸命に取り組んでいたのです。このように、何かが「リアル」で意味があることなら、私たちが驚くようなことが起こるのです！　自動車教習[2]のことを考えてみてください。どこの学校でも、定期的に学校を休みがちになっていた生徒が、自動車教習がある日には、何とかして学校に来ている姿を見てきました。自動車教習で学んでいることやプロムの企画は「リアル」であり、生徒たちはそれらに関わった結果をすぐに感じることができるのです。

　もう一つ例を挙げましょう。METのある生徒が、地元のマイナーリーグのトリプルAの野球チームのためにラティーノ・ナイト[3]を企画するプロジェクトを行ったとき、その生徒は自分が「リアル」な結果を伴う「リアル」な責任を負っていることがわかっていました。レポートを書いているときのように、そのプロジェクトをぎりぎりまで先延ばしにしておくことはできませんでした。その生徒は、教師を喜ばせるために必要なことだけをして、うまくやり過ごすことなんてできなかったのです。これは本物の評価です！　実際の評価指標を考えてみてください。五〇〇人の人を球場に集めることができたのか？　交通手段のことを考えたか？　プロが作成したようなパンフレットを作成できたのか？

――人は何かをした経験から学び、さらにその経験を振り返ることで学ぶ。

マイルズ・ホートン

「一人ひとりを大切にする」学校をつくって、生徒の興味に合わせてカリキュラムをつくることはできますが、そこでの取り組みは「リアル」でな、け、れ、ば、い、け、ま、せ、ん。「リアルごっこ」ではいけないのです。従来の学校の優れた教師は「リアル」に見える活動を行い、生徒たちを喜ばせることができますが、それだけでは不十分なのです。従来の学校では、どんなに素晴らしい授業をしたとしても、集中していない生徒がいます。その生徒はそこに座っていなければならないから座っているだけであって、授業で行われていることに主体的に取り組んでいるわけではありません。結局、**心が動いていないので、生徒は学んでいないのです**。セヤー高校では、一一年生と一二年生は自分たちでプロジェクトを決めることができるのですが、ある生徒は船について取り組んでいました。その生徒の家系には立派な海軍の経歴があって、彼の父親と曾祖父が二人とも同じ船に乗っていたことがわかったのです。「これを見てよ、先生！　僕のひいおじいちゃんがこの船に乗ってたんだ！　僕はこの船のレプリカを作りたいんだ」と言っていたその生徒の情熱を今でもはっきりと覚えています。彼の興奮が私にもひしひしと伝わってきました。これこそまさに「リアル」な学びです。そして、そうすることで、生徒は取り組むようになり、形だけのことをしたり、ただ座って宙を見つめたりすることがなくなるのです。**生徒は自分の思う通りに、「リアル」で、意味のあることをするのです。**

——私たちが何かを理解しようとするとき、ただ外に立って観察するだけでは理解はできません。本当に理解するためには、その中に深く入り込み、一体となる必要があるのです。

ティク・ナット・ハン[4]

三つのR

節タイトルの三つのRとは、読み（reading）、書き（[w]riting）、計算（[a]rithmetic）のことではありません。もちろん、それらはとても大切なことですが、二一世紀には、それだけでは十分ではありません。生徒が日々の生活で直面している深刻な問題に対処するためにはそれだけでは足りないのです。あるいは、生き抜いて、将来成功するために、生徒が対処しなければならない大きな壁を乗り越えるためにもそれだけでは不十分なのです。私が言う三つのRとは、関係性（Relationship）、関連性（Relevance）、そして深い学び（Rigor）です。

まず、**人間関係を大切にすることから始めなければなりません**。例えば、生徒に敬意を示し、家庭を受け入れ、他の大人やコミュニティーとつながり、教師同士がしっかりと協力し合い、そして管理職とオープンなコミュニケーションを図ることから始めなければならないのです。学校内での人間関係の質は、その学校での学びの質に大きな影響を与えます。

そして、私がこれまで述べてきたように、**学びは関連性があるものでなければなりません**。生徒が学校で行うプロジェクトや取り組みは、彼らの生活やニーズ、情熱に関連したものでなければなりません。そして、興味が湧くものであり、親しみやすいものでなければいけないのです。学びは生徒にとって、意味のあるものでなければなりません。しかし、最初に生徒としっかりとした人間関係を築かなければ、何が生徒一人ひとりに関連しているのかを知ることはできないのです。

最後に、**学ぶためには、学びが深くなければなりません**。多くの人は、コースのシラバスや生徒の学習時間で「深い学び」ができているか判断しようとします。そして残念なことに、そのような「深い学び」ができていないから、多くの生徒が定められた到達目標に届かず、単位を落としてしまうのだと言う人がいます。しかし、私の言う「深い学び」はミハイ・チクセントミハイが「内容にかかわらず、スキルと規律を必要とするあらゆる活動において、生徒が高い集中力を発揮する機会を求める以外にない」と述べていることと同じことなのです。

METでは、生徒が取り組む活動は生徒の興味に応じて行われています。このことだけでも、従来の学校では見られないような、深い学びを実現する学習環境をつくることができます。ある生徒は、自分で本を選んで読み、自分でその本のレポートを書くために、午前二時まで起きて取り組んでいました。これは生徒が深い学びをしている証拠です。また、ある生徒は何か月もスペイン語の勉強をしながら、コスタリカに行くための資金を集めていました。その生徒はコスタリカで、環境問題を専門とする科学者と熱帯雨林の保護活動に取り組みたいと思っていました。これも深い学びをしている証拠です。生徒がエキシビションの準備をしている様子を見ていると、自分たちの学んできたプロセスを最良の形で伝えようと、ポートフォリオを見直し、整理しています。これも深い学びの証拠です。標準化されたカリキュラムがなければ、到達目標がなくなると勘違いする人がいます。しかし、私たちは生徒に対してとても高い到達目標を設けており、生徒の多くは同様の高い到達目標を早い段階から自分自身に設定し始めます。私たちは、高い期待感と質の高い取り組み、そして深い学びが実現する文化をつくり上げています。しかし、その文化をつくり上げるためには、三つのRが揃っていなければいけません。もし私たちが関係性や関連性の文化をつくることに取り組んでいなかったとしたら、うまくいっていなかったでしょうし、生徒が深い学びを実現するための環境をつくることもできなかったでしょう。

つながりをつくる

生徒が学ぶためには、取り組んでいることが「リアル」であるだけでなく、何かにつながっていなければいけません。心理学者のジョージ・A・ミラー[5]が四〇年以上前に書いた論文によると、人間は一度に七つの意味のかたまりしか受け取ったり、処理したり、記憶したりできないのです。ミラーが書いたように、それぞれの意味のかたまりが他の意味のかたまりと意味のある形でつながっていることを想像してください。そうやってつながることで、七つあった小さな意味のかたまりは一つの大きなかたまりとなり、結果的に六つの空きスペースができるわけです。ミラーが言っているのは、つながっている情報は処理しやすく、記憶しやすくなるということです。**私たちが実際に学ぶのは、未知のものと既知のものをつなげることができたときだけなのです。**

——前に通っていた学校ではあらゆることを少しずつ学んでいましたが、まったく頭に入りませんでした。

ある M E T の生徒

ボーア戦争[6]をどんなにおもしろく説明したとしても、生徒がすでに知っていることと結びついていなければ、本当の意味で生徒が学んだことにはなりません。それよりも、戦争の概念を理解するために、離婚やギャングなどの身近な「戦争」を知ることに生徒は興味があります。今まさに生徒が生きている「リアル」な社会とつながりをつくることが大切なのです。そうすることによって、何が戦争を引き起こすのか、どのようにしたら平和が維持できるのか、どうすれば学んだことを日々のやりとりや将来に活かすことができるのかといった大切なことを、生徒は理解することができるのです。もし、生徒がボーア戦争に強い興味を抱いたとしたら、学んだことをもとにして、さらに深く学んだり、調べたりすればいいのです。しかし、もし生徒が興味をもつことがなければ、それはただの事実の羅列であり、つながりのない、無意味なものとなってしまいます。

特に数学はつながりをつくることの大切さを考える上でいい例です。なぜなら、一般的に、数学に必要なスキルや知識が他の教科と分けて教えられているからです。数学をM E Tのプログラムに組み込む最良の方法はまだ模索中ですが、私たちは生徒が自分の興味ある分野で取り組んでいることと数学がつながるように最善を尽くしています。**「リアル」な課題につながるのが本物の数学です。**

シンディーというM E Tの生徒は衣料品店に対する不満を「リアル」で意味のあるプロジェクトに変え、

人間関係を築き、数学と「リアル」な社会とのつながりを理解することができました。彼女は気に入った服がなぜそんなに高いのかが知りたかったので、地元にある衣料品店の店長にインタビューをしました。インタビューから学んだことを分析するために、シンディーのアドバイザーはその店の価格設定の背景にある「数学」を彼女が理解できるよう手助けしました。その後、シンディーは自分のプロジェクトについて次のように語っています。

従来の学校では、学校に行き、ワークシートに取り組み、そして帰宅します。しかし、そこで学んだ方程式をどのように「リアル」な生活の中で活かせばいいのでしょうか？　私はそれがわかりませんでした。METで、私はそのことに取り組んでいます。実際、数学を「リアル」な状況で使う方が、ただ単にワークシートを使って勉強するよりも難しいです。

つながりが学びを豊かにするもう一つの方法は、驚くほど当たり前のことです。しかし、それが実現することはほとんどありません。その方法とは、異なる教科がつながったとき、あるいは異なるクラスが協力し、異なるスキルや知識が統合されたときです。統合カリキュラムについてよく言われることですが、どんなに優れた取り組みであっても、生徒にとって意味のない「プロジェクトごっこ」に終わってしまうものがあります。

私はセヤー高校でのある授業の話が大好きです。その担当教師は、近くの高齢者介護福祉施設に入所している、ネグレクトを受けたことがある高齢者を生徒に紹介しました。生徒はその施設を定期的に訪れることにし、高齢者が直面する問題をテーマにしたカリキュラムを作成しました。しかし、生徒がその施設を訪れるには、沼地を苦労して歩くか、道路沿いに遠回りをして二〇分を無駄にするかのどちらかになるということに気づきました。そこで、ある理科の授業で、人の往来が沼の生態系に与える影響を調査してくれることになりました。それから、工芸のクラスも関わって、環境にやさしい橋や遊歩道を設計し、製作してくれました。そう、つながっているのです！ 知的、生態的、物理的、社会的なつながりです！ クラスが次々とつながっているのです。**「リアル」な世界と同じように、学校の中でも教科が融合しているのです。**そして、これには「リアル」な取り組みが必要なのです。

インターンシップで学ぶ

最近、私が初めて校長職に応募したときのメモを見返しました。あれから何年も経ち、多くの経験をしてきた今も、「リアル」な取り組みが大切だという私の考えはその当時とほとんど変わりがありません。明らかに違っているのは、その当時の私には語ることができるストーリーがなかったということです。私の考えを裏付けられる、自分自身で経験した例がなかったのです。当時の私にも生徒にとって「リアル」な取り組みが必要だということはわかっていました。また、どのようにしたらよいのかはわかりませんでしたが、学校がもっと個人に合わせる必要があるということもわかっていましたし、生徒が学ぶには彼らの興味から始める必要があることもわかっていました。

それから一〇年後、セヤー高校で校長として勤め始めたときに、これらのことが既存の学校の枠組みの中では実現できないことがわかりました。従来の学校の校舎では、生徒一人ひとりのニーズや興味を満たすことすらできないとわかったのです。セヤー高校では教職員や教材、そして資金が足りなかったために多様なコースや経験を提供することができず、生徒のニーズに応えたり、生徒がしたいことを叶えたりすることができませんでした。従来のカリキュラムでは、すべての生徒に学ぶことのおもしろさを教えることができませんでしたし、学習意欲が高い生徒や特別な才能がある生徒の期待に応えることもできませんでした。ですからMETでは設立準備段階から、教師たちと私は学校外に目を向け、地域に協力を求めることにしたのです。このことによって、正式なインターンシップ[7]が始まり、とてもうまくいきました。このインターンシップのおかげで、私たちは一部の生徒のニーズに応えることができるようになりました。そして、思いがけず、学校のパートナー（協力者）として地域を巻き込むこともできたのです。

教師や校長である私は「リアル」な取り組みである、インターンシップを授業に組み込みたかったのですが、問題はセヤー高校ではそれができなかったことでした。これはインターンシップとは関係なく、カリキュラムのせいでした。例えば、自動車販売店でインターンシップをしている生徒が一人だけだと、そこで学んだことを英語の授業に活かすことがかなり難しかったのです。先の高齢者介護福祉施設への橋を造ったプロジェクトのように、「リアル」な世界での「リアル」な仕事と学校でのカリキュラムを組み合わせない限り、インターンシップは本当の意味で成功したとは決して言えないだろうと思っていました。

私がセヤー高校を離れる頃には、既存のカリキュラムの中で、生徒の学びと実社会での「リアル」な仕事を組み合わせることが、可能な範囲でできるようになっていました。つまり、学校が本来あるべき、学べる環境となっていないのは、学校に旧態依然としたところがあるせいなのです。例えば、私は依然として数学の教師や理科の教師、英語の教師、社会の教師など、「教科」の教師たちと働いていました。とても優秀な数学の教師がいたのですが、私が生徒の学んでいることと数学以外のことを結びつけようとすると、抵抗を示して「私が数学の教師として採用されたことを忘れないでください」と言っていました。これは学校の構造的な問題の一端を表しています。彼女がしたいことができるように、私はできるだけのことをしていましたが、彼女は自分のことを「数学の教師」としてしか見ていませんでした。

五〇歳でロードアイランド州に移ったとき、セヤー高校でそれまで私が経験してきたことがそのときの私自身や私の教育観に多大な影響を与えていることを実感しました。州都プロビデンスに来て一年半も経たないうちに、友人のエリオット・ウォッシャーと私は、生徒や教師らと一緒に取り組むことが恋しくなり、自分たちの理念を本当に実践できる学校を始めようと決心したのです。私たちがしたかったことは、従来のあらゆる学校の枠組みから脱却し、学校教育をあるべき姿に一からつくり直すことでした。

これはかなり過激な考えだと思いますが、それでも当時はまだ、私は従来の学校教育の枠組みから抜け出すことができていなかったのです。METの構想を練っていた初めの頃は、すべての生徒が「インターンシップ」を行う予定だったのですが、それ以外の時間で生徒は旧態依然とした教師主導の「教科」の授業を受けることを私はまだ考えていました。しかし、エリオットと私は、学校を一からつくるチャンスだと思い、思い切ってやってみることにしたのです。私たちは教師一人ひとりに「ここに生徒がいるとします。彼らに関心をもって知ろうとし、彼らが成長してよい人間となり、生涯学び続ける人になるために、彼らが今すべきことをできるようにしてあげてください」と言える学校をつくることだけを考えることにしました。

私たちは**「生徒にとって何が一番いいのか」**を自問することから始め、その答えを軸にしてすべてをつくり上げました。ＭＥＴで行っていることはすべて、生徒たちのニーズや興味、「リアル」な課題、家庭や地域社会の参画に関するものであり、私たちはそれらをうまく行えています。これは、本当に素晴らしいことだと思います。私たちは生徒を育てるために地域社会を真のパートナーとし、教室と学校の壁を完全に取り払って、現実の世界をもたらし、生徒を現実の世界へ送り出しているのです。

次の文は、開校一年前の一九九五年に私たちが作成した「ＭＥＴ実施計画」からの引用です。従来型の学校教育の枠組みに回帰するようにという外部からの大きな圧力に直面しながらも、私たちが長年にわたって「実施計画」にある原則を守り続けてきたことを誇りに思っています。

人がもっとも深く学ぶのは、**本物の経験**をしたときである。そのような経験が、生徒や教師以外の人々にとって本当に重要な結果をもたらす（デューイ）。仕事でのメンターとの共同作業や地域奉仕活動などの本物の経験は、次のような理由で深い学びにつながる。第一に、その取り組みが「リアル」な結果をもたらすからである。第二に、生徒が学校という建物に閉じ込められたり、あらかじめ決められている教材に縛られたりしないことで、学びのための資源が無限に広がるからである。そして、第三に、生徒が情熱をもっている分野の専門家と個人的な関係を築くことができるからである。モチベーションの問題はさておき、生徒が「リアル」な状況で学んだ知識を活かすためには、前述のような状況で学ぶ必要があるという結果を示す研究が増えている。学校の中で学ぶ抽象的な知識を、学校の外の「リアル」な状況で生徒が活用したり、一般化したりすることはほとんどできていないのである。

METをつくるときに、使う言葉を厳選しました。その一つの例として、「インターンシップ（Learning Through Internships、LTI）」のプログラムを設計する際に、「見習い（apprentice）」という言葉を使わないことにしました。なぜなら、一般的に「見習い」という言葉が大工や靴職人など特定の技術を習得する人をイメージさせるからです。私たちが目指しているのは、そのようなことではありません。私たちは生徒が「リアル」な世界で活躍することができるように、生徒を「リアル」な世界に送り込んでいるのです。ですから、**インターンシップは「見習い」という言葉が表すことよりももっと大きな枠組みなのです**。誤解がないようにしておくと、インターンシップは従来の職業訓練プログラムではありません。多くの人が考える職業訓練プログラムは、生徒をある特定の仕事に就かせるだけ、ある特定の技術を教えるだけです。このような職業訓練プログラムは生徒がただ単により多くの授業を履修することができるようにするプログラムと同じように限界があるのです。そもそも、職業と学問という区別をすべきではないのです。どの生徒も自分の手と頭を使って学ぶべきなのです。教師が目標としていることは**生徒が考える力を身につける**ことであり、生徒が建築家や映画監督、自動車整備士になるように教えることではありません。私たちは生徒に課題を見つけ、何とかして解決する方法を、学んでほしいと思っています。また、生徒に人との付き合い方や時間通りに会議に出席することなども学んでほしいです。これらは私たちの社会ですべての生徒が学ぶべきことです。そして、教師はこの責任を一人で負うことはできませんし、負うべきでもありません。従来の学校では生徒に「リアル」な仕事に関わってほしいと思いながらも、生徒や教師を教室の中に閉じ込め、仕事を「リアル」にする人や資源から遠ざけているのです。

『脱学校の社会』（東京創元社）の中で、イヴァン・イリッチは次のように書いています。

> 私は学校についての考え方をひっくり返すことが可能であることを示すつもりである。つまり、次のことを示したいのである。第一には、生徒に学ぶための時間や意志をもたせようとして彼らを懐柔したり強制したりする教師を雇う代わりに、生徒たちの学習への自主性をあてにすることができることであり、……あらゆる教育の内容を教師を通して生徒の頭の中に注入する代わりに、学習者をとりまく世界との新しい結びつきを彼らに与えることができるということである。
>
> 東洋・小澤周三訳（一三六～一三七ページより。一部変更）

私たちがMETで学んできたことはイリッチが述べている通りのことであり、そして、私たちにはそれが実現できるのです。

二〇〇〇年頃、当時アメリカ教育省の副長官だったトリッシュ・マクニールが、プロジェクト学習[8]やインターンシップ学習のモデル校を視察するためにMETを訪れました。その後彼女が「ここほどインターンシップが生徒の教育に重要な役割を果たしている学校は見たことがない」と言うのを聞いて、私はとても誇らしく思いました。彼女が言ったことこそまさに、私たちがMETを始めたときに目指していたことでした。

つまり、インターンシップは、おまけやお飾りではなく、学校の日常に組み込まれた「リアル」な仕事であると同時に、学習なのです。私たちは、生徒が実際に仕事をし、充実した人生を送るために本当に大切なことを学ぶ機会をつくり出す一番いい方法がインターンシップだと考えています。インターンシップは、単なるよいプロジェクトではありません。「リアル」な結果を伴う「リアル」なプロジェクトなのです。そして、インターンシップは生徒の興味や地域社会での実践的な仕事とつながっているのです。このインターンシップを通じて、生徒は社会に貢献するとはどういうことかを理解し、社会に影響を与えることができると実感するのです。

●●●

——私は娘にMETに行ってほしいと思っています。なぜならMETが、現実の世界で生き抜くために必要なことを娘に教えてくれる学校だと信じているからです。

METに出願した保護者の志望理由書より

九年生のブレンダのアドバイザーは、第二言語である英語で文章を書いたり、スキルを磨いたりさせようと奮闘していました。そこで、そのアドバイザーはブレンダに、ロードアイランド州の「子どもたちの十字軍」という団体のインターンシップに参加させました。そして彼女は、そこで自分より一歳だけ年下の生徒を対象にしたニュースレターを書くことになったのです。すると突然、ブレンダはアドバイザーの側をどうしても離れようとしなくなりました。ブレンダは自分の文章を編集してほしい、もっといいアイディアが欲しいと思っていたのです。このインターンシップがブレンダのすべてを変えました。ブレンダは市内の八年生全員にそのニュースレターが配られることを知っていたので、いいものにしなければなりませんでした。自分がしたいことをするためには、アドバイザーの協力が必要だったのです。ブレンダには「今夜はこのプロジェクトには取り組まないでおくわ。だって、おもしろくないし、成績もCでいいから」という選択肢はありませんでした。ブレンダは、自分が書いた文章を待っている人がいることを知っていました。彼女がしていたことは**「リアル」であり、彼女にとって本当に大切なことだったのです。**

——生徒はやりがいがあって大切だと思う活動であれば、集中し、多くのことを学ぶ。

ミハイ・チクセントミハイ

ブライアンは母親がタバコを吸っていることが本当に嫌でしたが、タバコをやめるように説得できませんでした。そんなとき、彼は地元の病院の病理科でインターンシップをすることになりました。喫煙が身体に及ぼす影響について学んだブライアンは、病院で医師や看護師、彼のメンター、そして母親の前でエキシビションを行ったのです。彼は学んだことをすべて話し、正式な研究発表の場において、自分が言いたいことを母親に伝えました。ブライアンの母親はそれを聞いて、少なくともしばらくの間は、実際にタバコをやめたのです。

クリスはお金持ちになるのが目標だったので、若い銀行員にインタビューを行い、彼と一年間一緒に働きながら、大好きなお金のことを学びました。シャリーは、ネイルに興味があり、ドラッグストアのビューティ・ケア・コーディネーターのもとでインターンシップをすることになりました。彼女は販売員に商品の特徴を教えるトレーニングや、店長が過剰在庫を調べられるようにエクセルを使うことを学びました。
ある年のエキシビションで、私はローレンに「午後からエキシビジョンだけど、緊張してる？」と尋ねました。すると、ローレンは「エキシビジョンは大丈夫。ただ明日、インターンシップで行ったチンパンジーの研究について、一〇人の科学者を前にプレゼンテーションをすることには緊張しています」と言いました。

――私は、学校に自分の教育を邪魔させたことは一度もない。

マーク・トウェイン

インターンシップを通じて生徒たちがＭＥＴで行った「リアル」な取り組みについては、他にもたくさんのストーリーを紹介することができます。生徒が取り組んでいることが「リアル」であり、そこでの学びが生徒にとって意味があるため、生徒がいきいきとする場所を見つけているというストーリーが毎日伝わってきます。次の文章は、あるＭＥＴのアドバイザーが、担当している九年生に対して三学期に書いたナラティブのうち、インターンシップについての部分の抜粋です。

最終的にナディアがインターンシップを選択し、頑張って続けているのは素晴らしいことです。ナディアは一日も休まずに、Ｔ先生の幼児クラスでとても熱心に取り組んでいます。このインターンシップを通じて、ナディアは責任感やリーダーシップ、組織力、そしてもっとも重要なこととして、忍耐力と

粘り強さを学んでいます。このインターンシップはナディアにとって本当にいい経験で、ナディアが子どもたちと取り組んでいる家畜に関するプロジェクトの結果を見るのが楽しみです。その子どもたちはある特定の家畜についてインターネットで調べようとしていて、ナディアは彼らに発見したことを書いてもらうようです。他の人が調べるのを手伝うことで、ナディアは自分自身のリサーチのスキルを高めることができるかもしれません。

●●●

METで私たちがどんなにうまくいっていても、「インターンシップを中心にして生徒のカリキュラムを考えることが、学びを『リアル』なものにする正しい方法だとは思えない」と批判する人たちがたくさんいます。そのような人たちの言い分は、生徒のカリキュラムのすべてをインターンシップに合わせるだけでは、学びは「リアル」にはならないというものでした。このような批判をするのは、「学問」という言葉にとらわれている人たちです。インターンシップは学問的ではない、つまり、インターンシップは、生徒が教室で静かに座り、検定教科書を熱心に見つめるというような、ある一部の人々が考える「正しい」学習環境ではないということなのです。批判する人たちは、インターンシップには必然的に発生してしまう「何もしていない時間」を指摘します。しかし、彼らは生徒が毎日学校でどれだけ「何もしていない時間」を過ごしているのかを忘れてしまっているのです。生徒が動物園でインターンをする場合、確かに、その生徒はデータを記録する前に何時間も動物を観察するかもしれません。生徒がインターンシップのプロジェクトを始めるために必要なコンピューターのプログラムを理解するのに一週間かかるかもしれませんし、インターンシップ先まで行くのに毎日バスで一時間かかるかもしれません。批判をする人たちは生徒が授業で「座っている時間」が少ないと指摘します。しかし、なぜか病院や州議会、暴力予防プログラムなどのインターンシップで座っている時間の価値は考慮されないようです。

ＭＥＴでの取り組みは、明らかに従来の学校でやっていることのような型にはまっていないので、「真に統合されている」というよりも、「ゆるい」と見る人もいます。おもしろいのは、私たちがしていることは、医学部がインターンシップや専門医学研修期間で医師を養成するのと非常によく似ているということですが、私はこれまでそのようなプログラムを「ゆるい」と非難する声を聞いたことがありません。

もちろん、他にもインターンシップの批判として、生徒が二〇〇〇人もいるような大きな学校で、生徒全員がインターンシップをするのは無理なのではないかというものがあります。しかし、そもそも私は大きな学校の価値を疑っているので、まずは学校を個別化し、小さな学校に分けることが大切だと答えます。そして、私の直感では、生徒が二〇〇〇人もいる学校なら、生徒がインターンシップをすることができる場所がたくさんある地域なのではないかと指摘するでしょう。ＭＥＴを始めた当初、五〇人の生徒がいましたが、その生徒たちと同じ数のインターンシップを見つけるのは無理だと言われました。しかし、それは間違いだったのです。二〇〇二年の六月までに、三一〇名の生徒がＭＥＴを卒業しましたが、九〇〇以上の企業や団体がインターンシップの受け入れ先になっていました。インターンシップの受け入れ先の心配をしている人たちは、統計を見ればよいのです。二〇〇〇年の国勢調査とキッズカウント[9]によると、ロードアイランドのような小さな州でも、労働人口が五〇万七三一人で、それに対して高校生はたったの四万六五一名でした。

つまり、生徒一人につき一二人のメンターがいる計算になります！

メンターが生徒を「リアル」につなぐ

一九九五年のＭＥＴ実施計画からの引用をもう少し紹介します。

> 生徒の個別プログラムは、その生徒の情熱と教育上の必要性によって決定され、ビジネスや産業、工芸、芸術、貿易、行政や社会奉仕、地域プロジェクトなど、実際の仕事を中心としたものである。ある業界では、その業界特有のスキルを身につけるための仕組みがしっかりと確立されているかもしれないが、そのような伝統的な見習い制度とは異なり、ＭＥＴの生徒はすべての卒業生が目標とする高いレベルのスキルと習慣を学ぶ。その過程で、生徒だけではなく、より多くの人にとっても意味のある「リアル」な成果と製品やサービスを伴う「リアル」な仕事を行う。メンターは、教師と密に協力し合い、生徒が高いレベルのスキルを常に使えるように、実地でのプロジェクトや経験を開発・提供するだけでなく、生徒一人ひとりの成長をサポートする重要なメンバーである。メンターの役割は、仕事について教えるだけではない。生徒と本物の信頼関係を築くことによって、仕事に対する倫理観を教え、大人になるとはどういうことかをモデルとなって示すことである。

どうしたらメンターになってもらえるのかと尋ねる人がいますが、その答えはもうわかっていることです。つまり、人は人を助けることが好きで、人を助けることがその人の喜びとなるのです。そして、いい気分になりたいと思っている人はたくさんいるのです。

——世界にとって、あなたは大勢の中の単なる一人かもしれない。しかし、誰かにとっては、あなたがその人のすべてかもしれない。

作者不明

しかし、ほとんどの人には時間がありません。ビッグ・ブラザーやビッグ・シスター[10]になるには、土曜日を返上しなければいけません。リテラシー・プログラム[11]で生徒に読み聞かせをするためには、月に二、三時間、日中に仕事を抜ける許可を職場からもらわなければいけません。しかし、インターンシップのメンターであれば、普通に仕事をしながら給料をもらい、同時に生徒を助けることができるのです。これは本当に夢のような状況です。あなたがしていることに興味をもっている生徒の助けになることができるのです！　あなたの仕事を見て、「どうやってつくっているんですか?」「どうやったら、そんなにうまくできるんですか?」と質問をしたいと思っている生徒がいるのです！　あなたを尊敬し、あなたから学びたいと思っている生徒と関わることができるのです！

時間を取って、地域で生徒と同じ興味をもつ人を探し、生徒がその人と一緒に働けるようにしたらどうでしょうか？　さらに素晴らしいのは、生徒が自分の時間を使って自分の興味を追求しながら、インターンシップのメンターを自分で見つけることです。これはＭＥＴではよくあることですが、私はとてもいいことだと思っています。なぜなら、「リアルな生活」と「学校生活」が同じ一人の人間の生活の一部であることを明確に示しているからです。

生徒がインターンシップをするたびに、私たちは新しい教師をスタッフに迎えていることになります。その比率に異議を唱える人はいないでしょう。また、METのアドバイザーは生徒のインターンシップやメンターからどれだけ多くのことを学んでいるかをいつも話しています。生徒の興味関心を通じて教えることによって、アドバイザーは常に新しい考えや人、知識に触れているのです。このおかげで、アドバイザーは一人の人として生き、生きがいをもって教師を続けることができているのです。従来の学校では教師同士の交流がほとんどなく、ましてや、生徒がこれから出ていくことになる「リアル」な社会にいる他の専門家とも交流がないのは悲しいことです。

●　●　●

生徒にインターンシップ先のことを訪ねると、私たちが目指していることにメンターや同僚たちが献身的に取り組んでくれていることに驚きます。彼らは、生徒と話すこと、自分の知識や熱意を伝えることをとても楽しみにしているのです。あるメンターは、インターンシップの一日が終わるたびに、学んだことについて、生徒に短い「エキシビション」をさせていました。また、あるメンターはMETの五つの学習目標（「経験から考える」「量的に考える」「コミュニケーションの面から考える」「社会的に考える」「自分に引きつけて考える」、一三一ページを参照）を見て、「最初の数週間でその目標のほとんどを簡単に達成できそうだ！」と笑っていました。

——彼らは窓を開け、未来を歓迎する。

ハワード・A・アダムス[12]

アフリカのことわざに「子どもを育てるには村が丸々一つ必要だ」というのがあります。私たちはこのことわざを何度も聞いたことがあるのに、いまだに実現していません。しかし、インターンシップやメンター制度を通じて、私たちはこのことわざを実現しているのではないでしょうか？　だからこそ、ビッグ・ピクチャー・カンパニーのキャッチフレーズや本書（原著）の副題が「Education is everyone's business（教育はみんなの仕事）」なのです。METでは、いつも「教育は町ぐるみ」だと言っています。あるいはソクラテスがずっと昔に言ったように、「私ではなく、町が教える」のです。

私は、自分が地元の生徒のメンターであることを同僚に（あるいは、あるMETのメンターが最近の講演で同僚の議員に実際にしたように）自慢できるような未来を想像したいのです。「私と一緒にメンターになりましょう！」などと書かれたステッカーをバンパーに貼る人たちが目に浮かびます。実際、ある生徒が「もっと多くの人にメンターになりたいと思ってもらいたい」と言って、同じようなバンパーステッカーを最近つくっていました。

METで最初の学年の生徒が卒業していくときに、四年間、メンターとして貢献してくれた人にきれいなアフリカのサッシュ（たすき）と名誉教授の学位を贈ることにしました。考えてみると、もし彼らが生徒のために使う時間が週に一五時間だけだったとしても、一年後には五〇〇時間以上も費やしてくれていることになります。しかも、まったく報酬を受け取らずにです！　またメンターが、この経験のおかげで仕事に対かを話しているのを聞くとうれしくなります。メンターが集まる毎年恒例の祝賀朝食会では、あるメンターが、インターンを通して生徒との間に築いた強い絆についてスピーチをしました。そのメンターは次のようなさりげなく控えめな表現でスピーチを締めくくりました。**「自分が今までやってきた、天職である仕事を誰かにきちんと示し、それを責任をもって教えるということには、何か意味があるのです」**

遠足に行ったり、ゲストスピーカーを招いたりするのと同じように、インターンシップやメンターによって世界がMETの教室になります。私の夢の一つは、「MET」と書かれた看板を生徒がどこにでも持っていけるようにすることです。会議や詩の朗読会、インターンシップ、市立図書館、山の頂上へのハイキングなど、どこにいたとしても、その看板を掲げるのです。そして、彼らがどこにいようと、彼らは学んでいて、その場所が「私たちの学校」であることをその看板が示すのです。

——すべての若者が経験者から役に立つことを学ぶことができる場所、それが学校である。

アル・キャップ[13]

学びを深めるための問い

1　なぜ、多くの生徒が学校で経験することは退屈だと表現するのでしょうか?

2　もし、どんな興味をもっていようと、どんな分野でもインターンシップができるとしたら、何をしますか？　誰にメンターになってほしいですか？　それはなぜですか？

3　（生徒として、または教師として）あなたが今思うと「リアルごっこ」だったと感じる課題に取り組んでいた、あるいは教えていたときのことを教えてください。

4　生徒の学びや課題を「リアル」にするために、あなたのコミュニティーで学校が活用できるかもしれない人を五人、あるいはリソースを五つ挙げてください。

5　あなたの職場で週に二日、高校生のメンターになって活動したいと思うには、何が必要でしょうか？

1……アメリカに本部を置く自然保護団体。

2……アメリカの一部の学校では運転免許を取るための科目があります。

3……ラテン系の音楽中心のダンスパーティーのこと。

4……Thích Nhat Hanh はベトナム出身の禅僧であり、平和・人権活動家、詩人。

5……George Miller はアメリカの心理学者で、短期記憶の容量が七±二であることを発見した認知心理学の先駆けの一人。

6……一九～二〇世紀にイギリスとオランダ系アフリカーナ（ボーア人あるいはブール人とも呼ばれる）が南アフリカの植民地化を争った戦争。

7……教科指導とインターンシップを別物として捉えるのではなく、あくまでもインターンシップを通して教科で学ぶ内容まで学習するアプローチ。

8……実社会に存在するテーマや問題を生徒自らが発見（設定）し、チームないし個人で解決法を探究する学習。詳しくは『プロジェクト学習とは――地域や世界につながる教室』（スージー・ボス＋ジョン・ラーマー著、新評論）および『ＰＢＬ　学びの可能性をひらく授業づくり――日常生活の問題から確かな学力を育成する』（Ｌ・トープ＋Ｓ・セージ著、北大路書房）を参照。

9……アニー・Ｅ・ケーシー財団発行の、アメリカ五〇州の児童福祉に関する比較統計を記載した年次報告書。

10……「若者の力と将来性に火をつける一対一のメンタリング関係をつくり、支援する」ことを使命としている非営利団体。

11……読み書きのスキルを教えるプログラム。

12……Howard A. Adams はカナダの教育者、政治指導者、作家で、資本主義社会において先住民の立場に関する先住民の政治的意識を高めたことで知られています。

13……Alfred Gerald Caplin は漫画家で、風刺漫画『リル・アブナー』の作者。

第7章

家庭の教育力を取り戻す

祖母は私に「教育」を受けさせたかったので、
私を学校に行かせませんでした。

——マーガレット・ミード
〔Margaret Mead はアメリカの文化人類学者〕

私は今でも、八年生のとき教室の入り口で、朝、家に忘れたランチを持ってきてくれた父を見て、恥ずかしさで身を縮めたのを思い出します。それにひきかえＭＥＴでは、学校に居場所があることが保護者はわかっていて、廊下を歩いていると、自分の子どもの友達からハグをされることもあります。そしてほとんどの場合、保護者を学校に誘うのは生徒たちです。中には、学校で行われるダンスパーティーの付き添いを保護者に頼む生徒もいます。

ＭＥＴに子どもを入学させる親の多くは、自分たちの人生がどのように変わろうとしているのか、知る由もありません。単純な決定のように思えますが、最終的に親と子どもが子ども自身の教育に責任をもつ学校に子どもを通わせると決めるのは、思い切った意思表明です。ＭＥＴへの入学を希望する場合、生徒だけでなくその生徒の保護者も、志望理由書を書かなければなりません。ほとんどの保護者にとって、予防接種の記録などを提出する以外、出願のプロセスに参加するように求められるのは初めてだと思います。以下は、ＭＥＴの保護者が志望理由書に書いていた内容です。これを読んでも、保護者が自分の子どもの教育や学校で行われていることに関心がないと考える人がまだいるでしょうか?

――息子にはいい教育を受けさせ、将来ひとかどの人物になってほしいです。

――サラの子ども時代は幸せなものではありませんでした。長女なので、まったく構ってやれませんでした。どうか彼女を助けてあげてください。

これは私が娘にしてきた中でもっとも大切なことだと感じています。

もう一人の息子はすでにMETに通っていて、再び学校が大好きになりました。

八年生、あるいはそれよりも前から娘を助けてほしいと言い続けてきました。「また来年」、私はそう言われ続けました。もし娘が落ちこぼれたり、しんどい思いをし続けたりすれば、娘は学校に対する興味をもっと失ってしまうでしょう。私はそうなってほしくないのです。娘はこれまで、つらく悲しい経験をしてきました。だからこそ、娘が理解と助けを得られる学校にいてほしいのです。

学校に対する興味を失っている生徒がとても多いです。アーニャにはそうなってほしくないのです。

ホセが八年間、学校に耐えているのを見てきました。ホセは、楽しいことをするためには学校に耐えなければいけないという嘘を信じていました。ホセには学ぶことのおもしろさを知ってほしいです。

彼が自分の地域のため、民族のため、家族の名誉のために成長し、成功する姿を見たいと思っています。もちろん、一番大切なのは、彼自身のためにです！

家庭が真に子どもの教育に携わることができるようにしようと思えば、かなりの労力が必要になります。

しかし、その権利がある保護者の声を無視することなどできるはずがありません。

家族も「入学」する

ＭＥＴでは、保護者は入学から卒業まで自分の子どもの教育に関わります。まず、保護者は出願のための志望理由書を書きます。そして、実際に子どもが入学すると、保護者も「入学した」と考えます。このセクションのタイトルは、ＭＥＴのモットーの一つです。まず、保護者は自分の子ども、インターンシップのメンター、アドバイザーと共に、自分の子どもの学習計画チームのメンバーになります。そして、学期（四学期制）ごとに行われる子どものエキシビションでは、保護者はパネルメンバーとなり、子どもの学習の進捗についてクリティカルなフィードバック[1]を求められます。

そして、四年間を終え、精力的に活動したことによる疲労感と高揚感の中、校長、理事長、州教育委員会の教育長と共に、保護者は壇上に立ち、自分の子どもの卒業証書にサインをするのです。保護者の中には、高校を卒業していない人もいれば、プロビデンスの路上や母国で家族が亡くなるのを見た人もいます。そして、自分の子どもが他の地域にある学校から追い出され、中退した後に、学校に戻るかどうかさえわからなかった保護者も多くいました。さらに、多くの保護者が、自分の子どもが家族の中で初めて大学に進学するのを目の当たりにしようとしています。

ＭＥＴの教職員は保護者から素敵な手紙やカードをたくさんもらいます。私が覚えているのは、刑務所に入ってしまい、数か月で仮釈放されることがわかったばかりの母親からガイダンスカウンセラーが受け取ったカードです。そのカウンセラーはその親子と連絡を取り合っていて、そのカウンセラー宛てに、母親から教職員に宛てたお礼のカードが届いたのです。

カードには、「あなたは私に本当に大切な人がいるということを教えてくれました。あなたは本当に素敵な人であり、私の本当の友人です。私が出所したら、あなたと会って、話すのを本当に楽しみにしています」と書いてありました。

また、ある保護者は、毎週発行している保護者通信にMETへの感謝の気持ちを書いてくれました。

METの教職員の方々は、子どもたちに大きな影響を与えるような難しい問題もきちんと伝えてくれます。私たち家族が大きな問題に直面したときでも、あきらめずに対応してくれるのでとても感謝しています。そして、私の話に耳を傾け、支えてくれます。私の子どもが通っていた他の学校とは大違いです。本当にありがとうございます！

このような力強いメッセージを読むと、家庭が学校に深く関わることが、保護者や教職員、生徒、そして、学校文化に大きな影響を与えることがわかります。私は幾度となく、METが家庭を変えていくのを見てきました。これは、保護者が子どもの教育だけでなく、保護者自身の人生にも主体的に関わることができるようにしているからで、中にはそのような経験が初めてという人もいます。

私はかなりの時間を使って、保護者の話に耳を傾け、子どもに何を求めているかを聞きました。そしてもちろん、教育についての手に入る資料はすべて読んでいます。私が大きな影響を受けたのは、家庭や地域が学校に関わることについて書かれた本です。例えば、「サタデー・レビュー」誌の元編集者、ノーマン・カズンズは、「誰が公立学校から『公共』を取り去ったのか」と問いかけました。『脱学校の社会』でイヴァン・イリッチは、「子どもを教育できるのはプロの教育者だけだと誰が言ったのか？」と問いかけています。シーモア・サラソンは、**「権力構造を変えない限り、教育は変わらない」**と書いています。彼はまた「同じ人が意思決定をしている限り、ほとんど何も変わらない」とも言っています。彼の主な主張の一つは、意思決定を次のレベル、つまり地域社会や親にまで広げてこそ、教育制度を本当に変えることができるというものです。

これらの著者やその他多くの人が、教育は誰のものか、学校が真に民主的であるためにはどうすればいいか、保護者はどのような役割を果たすことができるか、学校はどのようにして現在の「親の参加」の定義を次のレベルに引き上げることができるか、などについての私の考えに影響を及ぼしています。ＭＥＴを開校したとき、私は保護者に自分と自分の子どもに影響を与える「リアル」な意思決定に参加してほしいと思っていました。保護者は皆、自分の子どもの教育について意見をもっていますが、発言したり、行動したりする機会はほとんどありません。保護者が自分の子どものためにＭＥＴを選んだなら、私は保護者に、保護者自身の考えが重要であることを知ってもらいたいのです。そのため、長年にわたり、子どものカリキュラム全体の決定に加えて、朝の始業時間から生徒が先生をファーストネームで呼ぶべきかどうか（保護者は同意してくれています）まで、学校全体の決定を保護者にお願いしてきました。私が今取り組んでいることは、

学校における日々の「リアル」な意思決定に、保護者が参加する方法を見出すことです。

●●●

一九六九年に、ニューヨークのブルックリンにあるオーシャンヒル・ブラウンズビル地区で初めて仕事をしたときのことを最近あまり話していませんが、「Eyes on the Prize[2]（勝利を見据えて）」で、その地区の当時の様子を取り上げている二〇分間の映像を見て、いかにそこでの経験が、私たちがMETで今取り組んでいることに役立っているかに改めて気づきました。一九六九年当時、私はまだ二五歳で、教育を通して貧しい黒人の子どもやその親の公民権のために闘っていました。オーシャンヒル・ブラウンズビルは、全米初の地域管理地区で、他の多くの都市が、この地区をモデルとして大規模で官僚的な地区を解体し、学校の管理を地元住民に戻したのです。ですから、当時からもうすでに私は「親の参加」の定義を広げることを考えていたのです。

ブルックリンでそのような経験をしたすぐ後に、ロングアイランドのショアハム中学校を開校し、地域の人からなる集まりをすぐ立ち上げました。左記に、ジョウン・リップスィッツの著書『思春期の生徒にとっての「いい学校」』（前掲）の記述から、私たちが行ったことの概要を紹介します。

――リトキーの業績の一つは、学校を一六のゾーンに分けたことです。そして、各ゾーンに委員長一人を置き、保護者連絡委員会を発足させ、すべてのゾーンに保護者代表を置くようにしました。このコミュニケーションネットワークが、彼の代わりに話を聞き、意見を言う役割を任ったのです。月に一度の集まりで、保護者は学校がどのように機能しているか、そしてなぜそれまでと同じように機能しているかについて説明を受けます。各代表者は学校で半日を過ごして、学校の様子を見て回り、学びました。ミーティングには、学校には直接言えないけれど近所の人になら相談してもいいというような、自分のゾーンからのコメントや質問をもって、臨みました。代表者は大事なミーティングや予算の投票について自分のゾーンに属する家庭に知らせるために電話をしました。各ゾーンの委員長には、各クラスのカリキュラム目標、地区カレンダー、ゾーンで初めて電話をかける際の原稿案、新しい家族のための地域情報、学校の方針に関するハンドブック、中学校の理念、当該年度のアドバイザリーのリスト、スケジュール例、チームごとのカリキュラムの概要などが書かれた資料が配られました。保護者連絡委員会は風評を払拭し、理事会では学校のために、学校の会議では保護者のために意見を述べ、学校で現在懸念されている問題について管理職に助言するなど、保護者と学校をつなぐ役割を今でも果たしています。オープンハウス、保護者ツアー、保護者が学校について感じていることを伝えられる保護者会でのアンケート、遠足への招待、保護者会など、リトキーが行っていることを保護者に納得してもらうのに役立っていました。また、保護者向けに行われた思春期直前期や思春期前期の発達に関する講座は、保護者の学校への理解を助け、孤立した子育ての経験を共有する場にもなりました。保護者はフリッツ・レドル[3]やチャリティ・ジェームズ[4]を読んで、青年期のニーズや学校の理念について学び、ジョン・デューイを読んで、理念と学校の具体的な実践を結びつけました。

この本の中でリップスィッツは、保護者が私の思いを受け止めてくれていると書いていますが、私はそれをとても誇りに思いました。私も年齢を重ね、経験も積んできましたが、保護者が関わる子どもの教育を実現するために闘っている点では、残念ながらまだ反抗分子と思われているのです。

●●●

ショアハム中学校を離れてセヤー高校の校長になったとき、私が最初に取り組んだのは保護者への働きかけでした。誰もがセヤー高校の保護者を、「学校に来たことがない。何も気にしていない。まったく何もしない」とけなしていました。ウィンチェスターは本当に貧しい町で、トレーラー・パークに住んでいる人が多く、ひとり親の家庭もたくさんありました。ウィンチェスターは小さな町だったので、地域のほとんどの人にとって高校での運動部が大きな関心事でした。セヤー高校はスポーツの強豪校で、特に人気と実力を兼ね備えたバスケットボールチームはいつも注目の的でした。私は、ウィンチェスターに住むすべての人に、スポーツと同じように学校の他の面にも関心をもってもらい、参加してもらうことが課題だと考えていました。そこで私は、試合前に壮行会を企画し、そこで生徒たちがスポーツ以外で活躍していることを紹介するようにしました。壮行会のために体育館に集まった人たちに、生徒が詩の朗読をしたり、歴史プロジェクトを発表したり、取り組みのエキシビションをしたりするのを、座って聴いてもらいました。その後、私はチームをコートに送り出したのです。

また、セヤー高校では、最初の成績通知表が渡される日が近づいてくると、保護者に直接成績通知表を受け取りに来て、教師や校長である私に会ってもらうということにしました。まず、私は教員組合と交渉し、最初の「教職員会議」の日を「保護者会」の日に変更してもらいました。それから、私は地元の雇用主たちに、保護者が保護者会に参加できるように休暇を認めてほしいと訴えました。アメリカ教育週間（これが何を意味するかはさておき）中には、私はマクドナルドから工場まで、あらゆる企業に手紙を出して「アメリカ教育週間です。セヤー高校に子どもを通わせている従業員に、一時間だけ教師と面会することを許可していただけないでしょうか？」とお願いしました。また、保護者に来てもらえなければ、成績通知表を渡さないことも明確に伝えました。

ふたを開けてみると、本当にたくさんの保護者が参加してくれて驚きました。実際、参加率は九八％以上でした。この保護者会の日を境にして、**保護者が教育過程に不可欠な存在として初めて認識され**、それからの私たちの行動がすべて変わりました。私はたくさんの保護者が来てくれたことがうれしくて、さらに先を目指すことにしました。（ショアハムと同じように、）関心のある保護者と一緒にジョン・デューイを読んだり、自分たちの子どもが受ける標準学力テストを受けたり、子どもの教育は誰のものかという考えを一から見直したりするような、有意義な保護者会を始めたのです。当時も今も、私の仕事は教育について親に知ってもらい、自分の子どもについてだけではなく、教育制度全体の中で、保護者に真のパートナーとなってもらえるようにすることだと思っています。つまり、家庭の教育力を取り戻すということです。

セヤー高校を辞めてから、ロードアイランドに移るまでに、私は六か月間旅をしました。そのほとんどを学校のない途上国で過ごしましたが、そこで見た子どもの育て方は、アメリカよりもずっと健全なものに思えました。年齢に関係なく、子どもは一日中、親と一緒で、親が働いているところに子どもがいましたし、親がどこにいても一緒でした。しかも、一日中です。もし母親が何かをつくっていたとしたら、子どもは母親のそばにいて、母親のしていることを見て学んでいました。このような国では、アメリカのように子どもと大人で分かれていませんでした。子どもと大人が一緒になって何かをしていたのです。この経験から、私がMETを始めるにあたって、それまで親と一緒にやっていたことを、まったく新しいレベルに引き上げることにしました。そして、親子関係をそれまで以上に大切にし、アメリカの学校でも親子関係を優先させることがいかに重要であるかに気づいたのです。

私と違う考え方をもつ教育者は多くいます。保護者が教育に関わる機会が少なければ少ないほどよいという教育の専門家が多すぎます。私はある校長が保護者と面談をするというので同席したのですが、面談後にその校長が、「なかなかよかったと思いませんか？　誰も私が言っていることに疑問をもったり、理解できたりしないようにわざと難しい言葉を使って、長々と話をしたのです」と言ったのです。私に向かって本当にこう言ったのです。これは、教育に関して保護者はアマチュアで、教師はプロであるという間違った考え方の典型的な例です。教師は生徒にとって何が正しいかを知っているので、保護者には口出ししてほしくないのです。私はそれに対して、こう問いたいと思います。**「他人の子どものことを勝手に決めてしまう私たちとは、一体何者なのでしょうか？」**

生徒のために一生懸命働いている教師でさえ、毎日共に過ごしている一五〇人以上もいる生徒の保護者からの個別の依頼や質問、要求に完全に応えることはできないでしょう。従来の学校の枠組みは保護者と教師が協力することを妨げるだけでなく、両者の間に反感を生むことさえあります。その結果、家庭から教育力を奪ってしまうことになり、すでに貧困や人種、民族、あるいは母語などの理由から教育力を奪われている保護者にとっては特に大きな問題です。私が小さな学校やアドバイザリー制度を強く推すのはこのためです。

ＭＥＴの教員研修の大部分は、学校生活に家庭の参加を促すためのスキルやツールを学ぶことに充てられます。例えば、聞き上手になるための方法や質問の仕方、子どもやその家庭、文化、地域社会を理解するための情報の集め方、子どもに最善の教育をするために保護者の助けや協力を求める方法などです。以前、ある生徒が私にこんなことを言ってきました。「親にはあまり学校に来てほしくありません。親とアドバイザーをごまかしたりできないから。でも彼らがいつも私や私の取り組みについてお互いに話してくれているのは、いいことだと思っています」。**教育に保護者が参加することで、生徒はやる気になり、生徒と教師の両方がよりよい成果を収めることができるようになるのです**。

私たちがＭＥＴで「保護者の参加」を促しているのは、ただ単にそれが「目新しい」からだと言う人がいますが、私たちがそうしているのは、それが今よりもいい教育をするための最善の方法であることを学んだからです。生徒が学校やこれからの人生で成功するために、私たちが他に何ができるのか、いつも保護者に尋ねるようにしています。私と生徒との付き合いは、たった一日だったり、六か月だったり、二年間だったりしますが、保護者は生徒が生まれてからずっと関わっているのです！

保護者が学校に尋ねるべき質問

――もっとも賢明な親が自分の子どもに望むことは、地域社会が子どもに求めることと同じであるに違いない。

ジョン・デューイ

過去三〇年間、私は何本もの記事を書き、学校として伝えられていないかもしれない、保護者が子どもの教育を上手に行う方法を伝えようとしてきました。ニューハンプシャー州で発行されている「キーン・センティネル」紙に一九七九年に掲載された連載記事では、私は保護者に数時間から丸一日かけて、学校を見て回ることを勧めました。そして、保護者が学校をしっかりと見て回ることができるように、役立つ質問をいくつか活用することを勧めたのです。次の質問を見て、あなたの学校、あるいはあなたの子どもの学校ではどのような答えが返ってくるか考えてみてください。

最初に、校長先生についていくつか質問します。教師の存在は重要であり、教育長や教育委員の存在も重要です。しかし、すべての学校に校長の個性やスタイル、到達目標が影響していることを保護者は理解する必要があります。校長は大黒柱です。校長がルールを決め、そのルールが実行されているかを確認し、校長がいいと思ったプログラムに対して予算をつけます。

もっとも大切なことは、校長が学校の方針や態度、雰囲気を決めるということであり、教師の影響力も校長によって決まります。保護者の皆さん、次の質問の答えを考えてみてください。

・あなたの子どもは、どのくらいの頻度で校長に会いますか？
・どこで校長に会いますか？　廊下ですか？　教室ですか？
・校長はあなたの子どもを知っていますか？　あなたの子どもの友達を知っていますか？　校長は彼らと話をしますか？　彼らの名前を知っていますか？
・校長は学校のダンスやスポーツの催しを見に来ますか？
・あなたの子どもは、校長が何を大切にしていると思っていますか？　きれいな廊下でしょうか？　いい成績でしょうか？　それとも、学ぶことが楽しいということでしょうか？　生徒が発言することでしょうか？　生徒が静かであることでしょうか？
・校長が授業を見に来たとき、教師はいつもと違った教え方をしますか？
・校長は授業を見に来たとき、何をしますか？　座って、授業を見ますか？　それとも、授業に参加しますか？
・教師は校長のことをどう思っていると思いますか？　また、なぜそう言えるのですか？
・あなたは校長を尊敬していますか？　それはなぜですか？

校長と話をするために気軽に学校に来る保護者はほとんどいません。校長室で座っていることは怖いことではないはずですが、多くの親はそうは思っていないのです。（「デニス・リトキー、校長室に報告しなさい！」）[6] しかし、自分の子どもの教育の手綱を握っておくためには、保護者は校長との関係をしっかりと築いておかないといけません。保護者は、校長に気軽に次のような質問をしてみてはどうでしょうか？

・今年度の目標は何ですか？　その目標は一般的で漠然としたものですか？　それとも、明確で具体的なものですか？
・校長は、自分が校長であることをどのように感じていますか？　現在の学校の校長であることについてはどうですか？
・校長はどのように学校をよくしようとしていますか？
・校長はどのようにスタッフと連携していますか？　校長は教職員に助け合うように指示していますか？
・校長は今までに学校の活動や生徒をサポートするために、（地域の機関など）学外から人を呼んだことがありますか？
・校長は教師がしていることを改善するために、どのようなことをしていますか？
・校長は生徒指導をどのように考えていますか？　それは誰の問題なのでしょうか？
・普段、校長は何をしていますか？　その中には生徒と共に過ごすことが含まれていますか？　他の教師とはどうですか？　それとも、ほとんど事務処理に時間を費やし、問題が起こったときだけ対応しますか？
・校長は学校への保護者の参加を促す方法について、保護者の考えを聞きたいと思っていますか？

さて、ここで学校について保護者が考えるべき一般的な質問をいくつか挙げてみます。

・学校は生徒が一生懸命取り組んだことを評価していますか？　それとも、誰も気にしていないという印象を生徒に与えていますか？

・教師は、仕事の世界で大切なこととして、どんなことを伝えていますか？　正直さでしょうか？　責任でしょうか？　他人を思いやる気持ちでしょうか？

・学校は生徒が自分の意見を述べたり、自立したりするよう促していますか？

・学校は生徒に選択肢を示し、意思決定を促していますか？

保護者は、保護者会があるときや子どもが問題を起こしたときだけでなく、いつでも子どもの学校に行くべきです。そしてあなたが保護者として学校に行ったら、自分の子どもだけでなく、必ずすべての生徒を見るようにしてください（自分の子どもは客観的に見ることができないかもしれませんが）。それから、次の質問を考えてみてください。

・生徒は退屈そうにしていますか？　おびえていますか？　興味がなさそうですか？　参加していますか？　好奇心に満ちていますか？

・あなたは退屈していますか？

・生徒は廊下を目的もなくぶらぶらしていますか？

・生徒はお互いを気にかけているように見えますか？

・授業中、質問に答えているのは誰ですか？　数人？　それとも大勢？

・生徒が授業に参加したり、質問に答えたりしている間、その他の授業に無関心な生徒や沈黙している生徒は何をしていますか？
・生徒は教師を尊敬しているように見えますか？
・教師が生徒に静かにするように、あるいは話を聞くように言い続けなければいけない状況ですか？
・教師だけが話をしていますか？[7]

チャイムで授業が区切られている従来の学校では、授業と授業の間の時間から、その学校の文化がよくわかります。

・生徒はその時間を五分間の自由時間として捉えていますか？
・授業と授業の間、教師はどこにいますか？　教師は見張り番のようですか？　教師はどこかに隠れていますか？　教師は生徒と話をしているようですか？　生徒と話しているとき、教師は本当に生徒の話を聞き、注意を払っているように見えますか？　それともただうなずいてやり過ごしているだけでしょうか？
・校長は近くにいますか？　校長は生徒と話をしていますか？　生徒は校長を避けているように見えますか？

いい学校には、親と教師のオープンなコミュニケーションが必要不可欠です。ほとんどの教師は、学校であまりうまくいっていない生徒の保護者に対してのみ、貴重な時間を確保します。保護者は、子どもの教師と話す機会をつくり、次のようなことを聞いてみてください。

・この学校のよいところは何ですか？
・学校は教師のしていることに協力的ですか？
・問題は何ですか？　より大切なこととして、その問題はどのように解決されますか？
・教師は問題解決や方針決定のプロセスに参加していると感じていますか？　あるいはそれらは単に校長の仕事[8]だと感じていますか？
・教師は自分自身の授業が主な関心事ですか？　学校全体に関することとして、教師はどのような仕事をしているでしょうか？
・教師は自分たちの学校に誇りをもっていますか？

これらの質問への答えを見つけることで、保護者は学校の何を変える必要があるかがわかり、いいスタートを切ることができます。しかし、教師や校長の献身的な協力がなければ、学校を変えることはできません。そして、保護者、教師、校長の三者が本気でコミュニケーションをとらない限り、学校を変えることはできません。ＭＥＴではすでに多くのことを行っていますが、保護者に教育に参加してもらい、参加し続けてもらうにはどうしたらよいか、まだ学び始めたばかりです。これは保護者と学校の双方向の関係でなければいけません。両者にとって大変なことですが、私のこれまでの経験から、それだけの価値が十分にあると確信しています。

ＭＥＴを開校して最初の数年間で印象に残っているのは、ユニークな保護者会です。私たちはエキシビションの有効性について保護者の理解を得ること、保護者全員が自分の子どものエキシビションに参加するという文化を築くことに苦労していました。ですから、私たちは保護者自身がエキシビションをするようにお願いしたのです！　これはとても感動的で、母親と父親が自分自身の取り組みを誇りに思っていることが伝わってきました。サントスの母親が苦労して英語でプレゼンテーションをした後、もう一度スペイン語でそのプレゼンテーションをしました。ロベルタとカルラの母親は棚卸しについて教えてくれましたし、ダイアナの母親はガン患者にいかに放射線治療が効くかを説明していました。ローラの両親はボランティアで救急車の仕事を手伝っていることを自慢し、ラマンの母親は建築の図面を見せながら誇らしげに笑っていました。

毎年、私たちは保護者が子どもの教育や学校生活に参加し続けることができるように新たな枠組みや伝統を取り入れています。新しい家族のために、私たちはバディ・プログラムを始めました。このプログラムでは、「先輩」の家族と新しい家族がペアを組み、先輩の家族が新しい家族に要領を教え、学校の文化を引き継ぐことができるようにしています。もっとも新しい伝統の一つに「空の巣」の夜[9]というものがあります。そこでは、卒業生の保護者が集まり、大学にいる卒業生が今直面している問題について話をするのです。私たちの学校に子どもを入学させると決心したその日から、ＭＥＴに子どもが通う家庭は、私たちが家庭からのフィードバックを歓迎しており、求めていることを知っています。これが卒業後も継続するのです。そして、私が本書で紹介したように、保護者が望んでいる以上に、保護者の多くはそのような経験からとても多くのものを得ています。保護者通信に、ある保護者が次のように書いていました。「ＭＥＴが私の目を覚ましてくれたと言ってもいいでしょう。自分の興味があることについて話すというＭＥＴの理念を受け入れて、私の人生が変わりました」

学びを深めるための問い

1 保護者が子どもの教育に関わることに興味をもつ、あるいはワクワクする理由を三つ挙げてください。

2 保護者を巻き込むために、学校ができることを三つ挙げてください。

3 なぜ学校は親が学校に関わることに抵抗したり、恐れたりさえすることが多いのでしょうか？ 親はこの状況を変えるために何ができるでしょうか？ 学校は何ができるでしょうか？

4 従来、学校が自分の子どもに対する教育方針を決めるのに、保護者はどのように関わっていたでしょうか？ 「家庭の教育力を取り戻す」ために、どのような変化が必要でしょうか？

5 どのような点において、教師がアマチュアで、親がエキスパートと言えるでしょうか？

1……このクリティカルなフィードバックの方法を、わかりやすく説明しているのがPLC便り（https://projectbetterschool.blogspot.com/2012/08/blog-post_19.html）です。悪い点は指摘せず、いい点の指摘も改善点を模索するのと同じか、それ以上に大切にします。そして、最後の愛を込めたメッセージも。

2……アメリカにおける二〇世紀の公民権運動に関するドキュメンタリー番組。

3……Fritz Redl はアメリカの児童精神分析者、教育者。

4……Charity James はアメリカの女優、声優、劇作家。

5……居住可能なモバイルホーム（大型のキャンピングカーのような車）が停車でき、電気や水の供給、ごみの収集を行ってくれる敷地。一般的な住居を確保することが難しい低所得者が主に利用しています。

6……これは悪さをした生徒が校長室送りにされるときの決まった言い回しです。校長および校長室には残念ながら、そういうイメージがつきまとっていることを表現しています。

7……この辺の質問が、一斉授業を前提にしたものばかりなのが残念です。「一斉授業を乗り越えるためのおすすめの本には、次のようなものがあります。既刊では、クリスィー・ロマノ・アラビト著『静かな子どもも大切にする――内向的な人の最高の力を引き出す』（新評論）、スター・サックシュタイン著『ピア・フィードバック――ICTも活用した生徒主体の学び方』（新評論）、D・W・ジョンソン＋R・T・ジョンソン＋E・J・ホルベック著『学習の輪――学び合いの協同教育入門』。「協同学習」で検索すると、たくさんの他の本や資料（実践）も見つかります。また刊行予定の本として、スター・サックシュタイン＋キャレン・ターウィリガー著『一斉授業をハックする――生徒の主体的な学びをもたらす学習センター（仮題）』（新評論、二〇二二年）、ベナ・キャリック＋アリソン・ズムダ著『Students at The Center: Personalized Learning with Habits of Mind』の翻訳書『個に応じた学びと思考の習慣（仮題）』（新評論、二〇二二年）、キャロル・トムリンソン著『So Each May Soar: The Principles and Practices of Learner-Centered Classrooms』の翻訳書『生徒中心の教室の「原則」と「実践」（仮題）』（新評論、二〇二二年）などがあります。

8……日本では、学校を管轄する「教育委員会や文部科学省」の仕事でしょうか？

9……子どもが独立して家を出た後に残された親が集う会。

第8章
大切なことを大切な方法で評価する

私のことをたった一文字のアルファベットで評価してほしくありません。
私はもっと意味のある存在です。

——あるMETの生徒

夏の終わりにある生徒が、八年生の夏期講習を修了したことを証明するために、中学校からの記録を持って私のところへやってきました。彼が私に提出したのは信じられないようなものでした。縦六ミリ幅二八センチの紙切れに、彼の名前と、学校名、彼が夏期講習で数学と英語のうちどちらを受講したかが書かれており、「合格」と書かれた枠にチェックが入っていました。

これが、彼の学校が、彼がどんな生徒であるかを私に伝えるために使っていたもので、現在の多くの学校が使用している評価ツールです。その受講証明書より少し大きな何百万枚もの紙に、生徒の何週間にもわたる取り組みを一文字の成績で表しているのです。これは学校の怠慢で、生徒に対して無礼であり、私はまったく受け入れられません。私たちは教師として、生徒に何ページも言葉で表現するように求めているにもかかわらず、彼らがどのように進歩したか、そして改善するために何をしなければならないかを伝えるために、A、B、C、D、Fというたった一文字を書くための時間しか費やしていないのです。情けないことです。

成績対ナラティブ（物語）

学校がアルファベットで成績をつけているのは、かつて誰かがアルファベットで成績をつけ始め、今では誰もがそうしているからという理由だけです。[1] 私はどこで成績評価が始まったのかは知りませんが、どこで終わるかは知っています。「リアル」な世界です。上司が従業員に、「よくやった。君にはAをやろう」とか「ここでうまくいかなかったんだな。それではCだ」と言う場面を見たことはないでしょう。「リアル」な世界では、**大人は「リアル」なフィードバックを受け**、改善すべき点を指摘されます。あなたが会社の広報部長で、自分のチームの年次報告書を取締役会で発表しなければならないとします。会議の終わりに取締役会のメンバーはあなたの手を握って「よくやった、デニス、君の報告にはBをあげよう」とは言わないでしょう。何がよかったのか、どこに必要な情報が欠けていたのかを指摘してくれるでしょう。ここでは行動計画が立てられていないとか、ここではデータが示されていないとか、そういったことを言われます。そして、要求されたものを持っていっても、「ああ、わかった、デニス、大きく改善したね。これでAだ」とは言われません。

「リアル」な世界では、評価する際に何が正しくて、何が間違っているか、具体的に指摘します。野球のコーチは選手に、「今日はBだったよ」とは言わずに、「今日はボールから目を離してしまったね。もっと集中しなければいけない。姿勢を変える必要がある」と言うのです。**「リアル」な世界では、フィードバックを与え、改善するために何をしなければならないかを示すことが重要です**。しかし、学校ではたった一文字の成績を与えるだけで、それについて何も考えていないのです。

本当にひどいのは、ほとんどの学校で、生徒は成績がすべてだと思っていることです。彼らにとって、成績こそが学校の目的なのです。一生懸命取り組んでいる生徒は、「学び」のためというより、「成績」のために努力しているのです。努力していない生徒は、すでにあきらめてしまっています。なぜならば、成績が自分の努力に見合わないからです。Fという成績をもらっても、改善するために何をしたらいいのか一切わからないのです。

——学生たちは知を深めるために学ばず、合格するためだけに学ぶ。そしてその愚かさに憤慨した科学の神は彼らを祟《たた》る。彼らは合格するが、何も知を得ず。

トーマス・ハクスリー[2]（マーク・クリスチャンソン訳）

成績にはまったく意味がありません。例えば、平均Cの生徒がいるとしましょう。それは何を意味しますか？　理科はDだけど、歴史はBだということですか？　数学はまったくできないけれど、文章を書くのはうまいということでしょうか？　読むことはできないけれど、集中していて、授業を掻き乱したりはしないということでしょうか？　大雑把すぎると思いませんか？　すると、学校は、「ああ、それでは、もう少し具体的に説明しましょう」と言って、Aという成績ではなくて、九一点という得点をつけます。しかし、同じことです。英語の論文を取り上げて、内容が八〇点、文法が一〇点、論文の主題が一〇点と数学的に分割していき、得点を出すわけです。全部でたらめです。よい成績でさえ、何の意味もありません。シーモア・サラソンはこう言っています。「子どもが平熱だからといって、病気でないとは限りません」

成績はまた、完全に主観的なものです。もし、月にかける梯子《はしご》をつくるという課題があったとして、生徒が半分つくったとしましょう。その場合、やり遂げられなかったという理由でFをつけるでしょうか？　それとも、根気強く、およそ二〇万キロメートルも梯子をつくったという理由でAをつけるでしょうか？

アルフィー・コーン[3]は、成績が、学習そのものへの関心や挑戦的な課題に取り組もうという気持ち、そして生徒の思考の質をどれほど低下させるかが科学的に証明されていることを、見事に示しています。このような証拠があるにもかかわらず、学校は成績の重要性と有効性を強調し続けています。

MET初年度のある日、ローリという生徒が自分のエキシビションで聴衆の前に立ち、三か月で一冊の本を読んだことを伝えたときのことを私は覚えています。たった一冊？　私は少し気まずく感じてうつむいたのですが、頭を下げている間に、ローリが生まれて初めて読み終えた本だと言っているのを聞きました。彼女は一五歳でした。

私たちのところに来る前は、AやBを取っていた生徒だったので、私は驚きました。彼女は本を全部読み終えたことがありませんでした。なぜなら、読み終える必要がなかったからです。それでも、彼女はいい成績を取っていました。本の紹介文を書かなければならないときは、映画を見るか、最初と最後の章を読めばそれで「十分」だったのです。ローリは教師が評価する程度にしか読んでいませんでした。だから、教師はローリが読んでいないことがわからなかったし、ローリも教師に伝えませんでした。

●●●

私は校長としての在職期間中ずっと、[4] 成績をなくそうとしてきました。残念ながら、アメリカで成績をなくそうとするのは、メートル法を受け入れさせようとするくらい難しいことです。つまり、人々は変化を望んでいないのです。保護者に子どもの進歩や状況について、詳細にわたって丁寧に書かれた、物語のようなナラティブを渡しても、「でも、他の生徒と比べてどうなの?」とか、「でも、Aをもらえるの?」と言い返されてしまいます。私たちはそう考えるよう仕向けられてきたのです。セヤー高校では、成績を廃止しようと努力しましたが、あまりの抵抗に断念し、妥協案を採用しました。成績はそのままに、それにナラティブを加えたのです。実際、保護者面談では、教師が三〇分ほど生徒のことを話してから、成績通知表を出すようにしました。私の経験では、親は成績通知表の文字を見ると、話を聞かなくなります。生徒がAを取っていたら、彼らは喜んで帰ろうとします。もしFだったら、教師と自分の子どもに腹を立て、ほとんどの人はそれ以上何も聞こうとしません。[5]

　METではこういったことを避けるため、最初から成績をつけないことに決めました。毎学期、生徒はアドバイザーによって書かれた一、二ページのナラティブ（物語ないし解説）で評価を受けます。成績通知表ではなくナラティブで評価するという文化は、一人ひとりの生徒を大切にするという理念に即しています。**ナラティブを書くためには、一人ひとりの生徒を本当によく見ていなければなりません。**ほとんど知らない生徒について、たった一つの文字で成績をつけることはたやすいことですが、それでは、その生徒と保護者に、その生徒のことをもっとよく知る必要はないし、知りたいとも思っていないと言っているようなものです。[6]

　METでは生徒を順位づけしたり比較したりするためではなく、生徒一人ひとりが自分の学習目標やニーズを満たすために何をすべきかを理解できるようにするためにナラティブを活用しています。つまり、教師が生徒の論文を読むのは、あらかじめ決められた活動や目標との関連で生徒の進歩に点数をつけるためではなく、その生徒にとってその活動や目標がどうあるべきかを実際に把握するためなのです。成績をなくしたいと言うと、到達目標を完全になくしたいという意味だと捉える人がいます。しかし、それは正反対です。ナラティブを使うことで、学校は生徒一人ひとりの成果と到達目標とのギャップをより詳細に見なければならなくなります。到達目標は、生徒一人ひとりの目標と成果を定めた個別の学習計画をつくることによって、真に個別化した方法で決めます。そして、生徒を「リアル」な世界と同じ方法で評価することが重要です。**つまり、大学や人生で成功するために必要なものに照らして、生徒の進歩を評価するのです。**考えてみれば、生徒にそれ以上高い到達目標を課すことはできません。

ナラティブで生徒を評価するのは、とても難しいことです。しかも、とても時間がかかります。ナラティブが難しいのは、教師が生徒の人生を理解しなければならないからです。一人ひとりの生徒が、大人との付き合い方、学習に対する態度、学習習慣、埋めなければならないスキルや知識のギャップを、どのように表現しているかを考えなければなりません。これらは本当に難しいことなのです。また、学期ごとにナラティブを書いていると、それぞれの生徒について毎回新しいことを書くのは大変になっていきます。例えば、毎学期、「生徒は成長しています」とか、「素晴らしい姿勢を見せるようになっています」と書きたくはないでしょう。

ナラティブの形式も重要です。形式が適切であれば、教師はより深く掘り下げて説明することができます。例えば、成長を定義したり、「素晴らしい姿勢」とはどういう意味かを説明したりすることができます。METのナラティブの一部は、学習に関して生徒が実際に行ったことについて説明していますが、残りの部分は、学校の五つの学習目標（一三一ページ参照）、その生徒について教師が設定した個別の目標、生徒自身の目標、家族がその生徒に設定した目標の観点から分析したものです。

入学時点で、素晴らしいスピーチをする生徒がいるかもしれませんが、その生徒を教える教師としては、どうすればもっとよくなるかを教えることができなければなりません。学期ごと、生徒ごとに同じナラティブであってはなりません。それが、「一人ひとりの生徒を大切にする」という理念が重要な理由です。例えば、あなたの学校に文字がほとんど読めない状態で入学してきた生徒がいたとしましょう。彼は一生懸命勉強してかなり読めるようになりました。もし、一つの到達目標に照らして成績をつけるなら、Fをつけるしかありません（訳者追記・まだ、同学年の生徒たちには及ばないという相対的評価によって）。しかし、その生徒を彼自身と比較して、ナラティブで評価するなら、彼がどこを改善したのかを書くことができ、さらに改善するための具体的な指導をすることができるでしょう。もちろん、保護者は、高校生の子どもがまだ大学レベルのテキストを読む準備ができていないことや、その後の学校生活や人生で必要となるようなライティングがまだできないことを知っておく必要があります。ナラティブとは、すべての生徒をよく見せるためのものではなく、現実的に、より広い視野で評価するためのものです。

ナラティブは、学びを支援するツールです。生徒が実際にうまくいっておらず、現状を確認する必要がある場合、ナラティブはより重要になります。教室で何度も言っているのに、生徒が聞いていなかった場合、その事実を記述するのがナラティブです。また、**ナラティブは評価のための評価ではありません**。目的のある評価であり、その目指すところの一つは、それが現実のことに必ずつながるようにしなければならないということです。生徒に、ある分野の能力が欠けていることを伝えなければならない状況が起こるかもしれません。ナラティブを書いているときに、それを適切に表現しないと、親との距離ができてしまったり、生徒の学習意欲を低下させてしまったりする危険性もあります。そこで問題になるのが、正確な情報を書きながらも、学習意欲を高めていくにはどうしたらよいかということです。

ＭＥＴのアドバイザーは毎学期、この問題に悩まされています。ここでは、評価と動機づけの適切なバランスを示していると思われる、実際のナラティブの例を紹介します。

―九年生への三学期のナラティブから抜粋

［ＭＥＴへの適応について］今学期の間に、ミシェルは学校とインターンシップを交互に行う一週間のリズムに適応することができました。ミシェルはまだ、ＭＥＴで与えられている自由をどう扱ったらいいかわからず苦労していますが、改善しようと努力しているようです。彼女は「ノー」という言葉の意味をもっと理解する必要があります。ＭＥＴは柔軟な場所ですが、どうしても譲れないことがあることを理解する必要があります。自分がしたいことがあったときに、してはいけないと言われると、イライラして態度に出てしまうことがよくあります。何かを要求する前に考えること、つまり何が理にかなっていて、何がそうでないかを自分で理解するようになる必要があります。しかし、そうは言っても、彼女の行動は驚くほど改善されました。彼女の態度はかなりよくなり、怒りを抑える努力をしています。

ここで、ミシェルのナラティブと同じように、九年生（新入生）のナラティブのすべてが、ＭＥＴへの適応について書かれていることに触れておきたいと思います。アメリカでは、新入生のうちに退学する生徒があまりに多いため、中学校から高校への移行期間は、生徒が高校以降でうまくやっていけるかどうかを判断する上で重要なのです。生徒が高校での学習環境に適応するのがどんなに大切なことか、誰もが知っているのに、従来の学校の成績通知表で「適応」について述べているのを見たことがありません。それどころか、生徒個人の成長や時間管理のスキル、自立した学習者へと成長しているかどうかなどについて書かれた成績通知表もほとんどありません。これらはすべて、私たちが社会人として働く際に非常に重要だと考える現実的なことです。ほとんどの社会人は、「期限内に提出物を提出しない」とか「チームでうまくやっている」などと書かれたレポートや評価を受けるのではないでしょうか？　同じことを、私たちはＭＥＴの生徒にも求めています。そして、「リアル」な社会で受けるのと同じようなフィードバックを与えるようにしています。

一〇年生への三学期のナラティブから抜粋

［概要］バリーがこのアドバイザリーに所属しているのは、本当にうれしいことです。彼は安定した力を発揮しています。周りから尊敬されていますし、彼も敬意を示しており、決して不満を漏らさず、安定しています。今年の彼の成長を見ていると驚くべきことばかりです。彼は接しやすく、一緒に働きやすい人です。インターンシップがうまくいったので、さらに自信をつけ、生徒としてだけでなく、仕事で抱えている問題も認めることができるようになりました。言い訳をすることもなくなり、素晴らしいと思います。バリーがこのまま成長し続ければ、大きな可能性を発揮し、驚くべき結果を残すでしょう。そう考えるとワクワクします。

もちろんナラティブは、生徒が特定の必須スキルを身につけているかどうかにも着目します。数学、コンピューター・プログラム（パワーポイント、エクセルなど）、リサーチ・スキルなどの分野で、生徒の進捗を記録し、フォローします。また、インターンシップに関連するスキルも評価します。

一〇年生への四学期のナラティブから抜粋

［概要］トビーの四学期のプロジェクトは、三学期のプロジェクトの続きで、学校に水族館を設立して

維持し、適切なメンテナンスとその科学的理由を特定の人たちに教えるというものでした。彼女は、研究の枠組みとなる質問のリストを作成し、研究のスケジュールを立て、家の周りの一般的な物質を検査するためにｐＨ試験紙を購入しました。しかし、実験を最後までやり遂げたり、研究のために文献を読むことを十分にしませんでした。彼女はｐＨについて基本的なことは理解していますが、それが今のところはプロジェクトにつながっていません。

生徒のことをよく知っている人によって書かれたナラティブは、その生徒についてどのようなことを語ることができるのか、またその生徒や親、そしてそれを読んだ人に向けて、どのようなことを伝えることができるのか、これらのわずかな例でおわかりいただけると思います。もちろん、教師が学期の終わりに家に仕事を持ち帰って、意味のない数字を足して、意味のない文字を伝えるという方法もあります。しかしこれは私にとってとても悲しいことです。教師の才能とエネルギーの無駄遣いだからです。

● ● ●

成績について、最後にもう一つ書いておきます。私たちは成績を完全になくすことはできないと思います。私は、成績を生徒の評価の有効な手段とみなし、大学入学や奨学金などのために成績を必要とし続ける世界の要求に適応できない制度を提唱しているわけではありません。毎年年度末に、ＭＥＴのスタッフは一一年生と一二年生のナラティブを特定の大学に出願したり、特定の奨学金を受けたりするために必要なＧＰＡ

（成績平均値）に変換する作業に時間を費やします。これは、ナラティブを注意深く見て、成績を重視する教育機関が納得できるような評価に変換する作業です。

このプロセスは主観的すぎると思われるかもしれませんが、これまで述べてきたように、成績自体が主観的なものです。大学に入るために、アルファベットによる成績の表記が必要な生徒のためには、その生徒のナラティブの記録を注意深く見て、どの成績が適切かを考えます。また、成績の平均がBであれば自動車保険が一〇％割引になると言ってきた生徒がいたとしても、私たちは成績をつけることにどんな価値があるのかを保険会社と議論したりはしません。その生徒のナラティブを見て、成績の平均がBであると考えることができれば、それを保険会社に示します。私たちは成績ではなくナラティブを与えることによって、生徒に対して正しいことを日々行っていますが、世の中の残念な仕組みがわからないほど愚かではありません。私たちは、ＭＥＴに通う生徒の将来によい影響を与える機会を台無しにしたくはありません。

テスト対エキシビション

――従来の教え方では、生徒は学んだことだけを答えなければならない。何か言いたいことがあるということと、何かを言わなければならないということはまったく異なる。[7]

ジョン・デューイ

生徒にとって、標準学力テストの空欄を埋めることよりも、人前に立って自分が学んだことを示すことの方がずっと価値がある理由について、ここで新たに述べる必要はないと思います。到達目標に基づく教育改革[8]を熱心に推し進める人々でさえ、エキシビションを通じて、生徒が何を知っているか、少なくとも生徒がその時点までに何を達成したかを、教師と保護者の両方がよく理解することができると認めるでしょう。一九八四年、セオドア・サイザーは、ジョン・デューイの遺志を継ぎ、（成績や授業時間ではなく）エキシビションによる修了証書をエセンシャル・スクール連盟の基本原則の一つに据えました。そして、今日、ほとんどの学校がサイザーの考えに完全に同意しています。しかし、それは理論の勝利であって、実践での勝利ではありません。

　残念なことですが、エキシビションを活用したいと考えている学校のほとんどが、時間割という悪夢のせいでそれを断念してしまっています。従来の四五分授業の時間割の中で二〇〇〇人の生徒が教師や友人、家族の前で学んだことを発表する時間を確保するのは本当に大変なことです。その解決策は明白で、学校を小さくすることと、従来の時間割に縛られないことです。繰り返しになりますが、私たちは一度、今あるものを壊す必要があります。そうでなければ、私たちは単に重箱の隅をつついているだけになってしまいます[9]。

　エキシビションの価値を信じる私たちは、より深いレベルでは、その真の目的をより明確にする必要があります。エキシビションを活用するのは、成長を促すためであって、テストの点数のように生徒を選別するためであってはなりません。**エキシビションは生徒と教師、仲間、家族の間で学びについて話し合う場でなければならないのです**。

　エキシビションと、その前後の学習はすべて、最終成果物だけではなく、**学びのプロセス**を重視しなければなりません。ＭＥＴでは、アドバイザーが絶えず生徒に、そこに至るまでのプロセスについて話すことや発表する最終論文の下書きを見ること、次に何が必要かを考えることを求めています。エキシビションがそれまでの数週間の成果を評価するために設定されていますが、将来の成長のための目標設定も含まれなければなりません。エキシビションは、継続的な学びのサイクルの一部でなければなりません。[10]

ＭＥＴの初年度にトリシアという新入生が行ったエキシビションは、エキシビションがどうあるべきかを示す素晴らしい例でした。**自分の学びについてどう語ったらいいのか**を学び始めていた彼女にとって、エキシビションは、華やかなドレスで臨む発表会のようなものでした。トリシアは、自分の作品のポートフォリオを整理していました。自分が書いている物語の下書き、自分が読んでいる本の抜粋、代数ワークショップでの例題、アドバイザーと母親と一緒に作成した学習計画、そしてその学期中のすべての学びが自分の設定した目標をどのように満たしているかを説明した五ページの小論文を持っていました。トリシアはプレゼンテーションで、読んでいる本について詳しく説明したり、聴衆も一緒に読んだりして、「シンボル（象徴）」について話しました。それは、彼女がそれまでに行ってきた学びに対する見事な形成的評価でした。[11] このエキシビションは、アドバイザーがその後一〇週間にわたり、トリシアが学習目標を達成できるよう支援するための土台となりました。[12]

トリシアのエキシビションは、高校生になったばかりの新入生にはなかなかできない方法で自分の学びを紹介していました。私がこれまで見てきた他の多くのエキシビションと同様に、テストとエキシビションのどちらが生徒を評価するのに適しているかという問題を、まったく的外れなものにしてしまったエキシビションでした。もしあなたがトリシアの保護者だったら、**彼女が学んでいることを証明する「リアル」な証拠**を目の当たりにして、二度とテストの点数で満足することは、な、い、でしょう。六年経った今でも、この生徒は

（もう大人ですが）、自分の学びを自分のものとして見ていて、いまだに高い到達目標を自分自身に設定しています。そして、素晴らしい選択をし続けています。

TGIF　一九九七年一月三一日
水曜日の朝、私はただ泣き出してしまいました。エキシビションがあまりに素晴らしくて、自分の気持ちを抑えることができませんでした。生徒の真剣さや、保護者とアドバイザーが誇らしげであることに感銘を受けました。緊張して始めた生徒の表情、終えたときの表情、深呼吸、ハグ、そして満足した様子……。

もちろん、エキシビションのよくない例もたくさんあります。例えば、発表の最中に生徒が口ごもってしまったり、自分の学びの証拠を何も示すことができなかったり、審査員の質問に答えられなかったりするようなエキシビションなどです。**しかし、こういった場合でも、エキシビションは学びのためのツールになります。エキシビションのおかげで、生徒は自分が何を知らないかを本当に知ることができるからです。**よくなかったエキシビションでも、結果的には準備と計画の大切さを教え、人前で話すスキルを身につけさせ、次のエキシビションまでに取り組むべきことを明確にさせることができるのです。ひどいエキシビションの後で、やる気になっている生徒を何人も見てきました。失敗することで、かえってモチベーションが高まるのです。テストで失敗した生徒が、自分の知らないことを新たに理解し、次はもっといい点がとれるようにもっと勉強したいと思ってその場を後にすることはほとんどありません。とにかく、テストの場合、もう次の機会はないのです。

●●●

エキシビションを評価方法として採用している学校は、生徒、教職員、保護者がエキシビションの要件と目的を理解していることを確認しなければなりません。また、学校内の人間関係を築く上で、エキシビションがもつ素晴らしい価値を最大限に引き出す必要があります。

一つ目に、エキシビションは保護者が参加できる素晴らしい機会になります。保護者は、成績通知表から想像したり、卒業式で壇上を歩く姿で納得するのではなく、実際に自分の子どもが活動しているところを見ることができ、子どもがしてきたことや学んできたことについて、その本人が話すのを聞くことができます。エキシビションはどの保護者にとっても、自分の子どものパフォーマンスを見ることができ、誇らしく思うことができる機会です。また、保護者が子どもに学校について質問しても、「大丈夫」と言って自分の部屋に戻ってしまうようなことがないようにするチャンスでもあります。METの保護者は「私は息子の自伝を見るのが大好きです。自分の人生と自分が受けている教育を分析して一〇〇ページ以上も書いたことを誇りに思っています」とか、「娘が海洋生物学を好きになり、学校で他の生徒に教えられるように、独自のカリキュラムを開発するのを見て驚きました[13]」と話してくれます。

二つ目に、エキシビションは教師がチームとして、協働するための絶好の機会でもあります。他の教師が担当している生徒が行うエキシビションに立ち会うことで、教師は生徒一人ひとりの指導に携わるコミュニティーの一員となるのです。また、他の教師が生徒に接する上で、苦悩したり、うまくいったりするのを目にする機会のおかげで、すべての教師が健全な学校に欠かせない同僚としてのサポートを提供する能力を身につけることができます。

三つ目に、エキシビションは、地域のリーダー、大学生、教授、メンター、学校理事会のメンバーなど、あらゆる人を招き入れ、外部のコミュニティーが教育に参加する機会でもあるのです。METでエキシビションを見るたびに、私は生徒と大人のもっとも洗練された会話を目の当たりにしていることに気づかされます。生徒と聴衆のやりとりにより、生徒が中心でありながらも、自分の学習について皆から意見を受け取るという、まったく新しいレベルのコミュニケーションが生まれます。

四つ目に、エキシビションは成長を阻害するものではなく、促進するものです。つまり、エキシビションがあまりうまくいかなかったり、生徒がきちんと準備できていなかったり、学びの進歩を示すことができなかったりしても、他の分野での成長を他の人が見て、賞賛する機会になるのです。生徒がエキシビションでうまくできたとは思えないときでさえ、私たちは「何に比べて素晴らしくないのか？」と自問することを忘れてはなりません。「悪い」エキシビションの後でも、「息子はグループの前であんなふうに話したことがなかったのに、それをやってのけたなんて信じられません！」とある保護者が言うのを聞いたこともあります。ある生徒は、自分が吃音《きつおん》であることを聴衆に伝えてからエキシビションを始めました。結果的に、彼女は発表の間、一度も吃音にならなかったのですが、もし吃音になっていたとしても、発表を続けることで、彼女の勇気と自分を理解してもらおうとする決意を私たちに示していたことでしょう。すべてのエキシビションには、常によい面があり、常に何かを学ぶことができます。テストで失敗したら、ただ失敗しただけで終わりです。エキシビションには終わりがありません。学びはずっと続くのです。

五つ目に、エキシビションは、不正を完全になくします。一九九八年に実施した調査によると、大学進学を目指す高校生の八〇%が少なくとも一回は不正行為をしたことがあると認めています[14]。あるＭＥＴの生徒がかつてこう言いました。「他の高校ではカンニングができるし、小学校や中学校でもカンニングができるのに、ここではまったくできません。無理なんです。みんなの前に立ってエキシビションをするとき、自分の中に、人に伝える何かをもっていないといけないんです[15]」

六つ目に、エキシビションによって、生徒は自分の学びを深めることができます。自分の学習ポートフォリオを作成し、発表することを求められるからです。テストのために勉強しているときには、授業のノートを見たり、教科書を読み返したりしますが、ポートフォリオの作成では、自分の学習を何層にも分けて明らかにしていくことが求められます。これは、一連の論文の下書きを共有することや、取り組んでいる最中のプロジェクトのいろんな段階の写真を見せることなど、さまざまなことを意味します。深い学びは非常に重要であり、それを行う側も見る側もワクワクします。

テストは、学びを先に進めたい、学びの幅を広げたい、さらに学びたいという人に大きなダメージを与えます。私自身、大学在学中にそれを体験しました。ルームメイトと私は同じ英語の講座を受講していて、ジョゼフ・コンラッドの『闇の奥』を読まなければなりませんでした。テストに出題されるため、それを「知る」必要があるとわかっていたので、私は八回読みました（その結果、この本が嫌いになりました）。私のルームメイトは、その本が大好きで、コンラッドの作品をすべて読み続けました。私の成績はＡで、ルームメイトはＤでした。明らかに、その講座では深い学びが評価されていませんでした。私は「よい」成績でしたが、ルームメイトの方が私よりも多くのことを学び、その本からより多くのことを得たとわかっていました。私は彼の情熱を追い求める姿をうらやましく思いました。

最後に、エキシビションは、生徒に自分で高い到達目標を設定する機会を与え、実際私たちも、そうするよう要求します。エキシビションがうまくいかなかったら、生徒はすぐにそれがわかります。テストの点数を待たずに、もっと努力しなければならないことがわかるのです。METの生徒全員がもっているような個別の学習計画があれば、生徒自身が何をもって「うまくいった」とするかを決めることができます。エキシビションは、自分の学習に責任をもち、コントロールすること[16]を生徒に求めます。これこそが私たちの目指していることではないでしょうか？

学びを深めるための問い

1 教師はどのように生徒の成長を評価しますか？

2 学校の課題に対してもらった成績を覚えていますか？　なぜその成績を覚えているのですか？　それはどういう点で重要だったのでしょうか？

3 なぜ教師は伝統的に、生徒に成績以外のフィードバックを与えないのでしょうか？　どのようなフィードバックを、生徒として受けたかったのでしょうか？

4 デューイは「従来の教え方では、生徒は学んだことだけを答えなければならない。何か言いたいことがあるということと、何かを言わなければならないということはまったく異なる」と述べています。この言葉はあなたにとってどのような意味をもちますか？

5 成績は客観的であると立論してください。次に、成績は主観的であるという反論をしてください。どちらの論が、あなたの学習と教育についての信念に合致しますか？

1……学校には似たような習慣が多く存在します。例えば、教科、教科書、時間割、学年、指導要録、校務分掌、職員室、ＰＴＡ、部活、学校行事、宿題など。これらは、すべて見直しと改善をすべき点が少なくありません。『教科書をハックする――21世紀の学びを実現する授業のつくり方』『成績をハックする――評価を学びにいかす10の方法』『学校のリーダーシップをハックする――変えるのはあなた』などの「ハック・シリーズ」（新評論）を参照。

2……Thomas Henry Huxley はイギリスの生物学者で、ダーウィンの進化論を擁護したことで知られています。

3……Alfie Kohn はアメリカの作家で、人間の行動、教育、子育ての分野で多くの著書があります。

4……本書執筆時点で。

5……『シンプルな方法で学校は変わる――自分たちに合ったやり方を見つけて学校に変化を起こそう』（吉田新一郎＋岩瀬直樹著、みくに出版）の一四九ページ（テストやレポートの返し方を変える）を参照ください。

6……以下は訳者の一人のコメントです。「私の学校では成績表の所見欄をなくしました。私は『教育の後退』だと考えていますが、業務軽減を理由になくなりました。本当に大切なことに時間を使わずに、不必要にカリキュラムを変更して多忙になっている学校の教育とは何だろう？と感じています。また、私の学校は海外に姉妹校があります。そのうちの一つの四〇〇年以上の歴史をもつ名門のパブリックスクールの成績表を見ると、Ａ以外にもきちんと一人ひとりに各教科からコメントがあります。担任の立場ではなく、各教科からです」。もう一人の訳者が二五年前に訪ねたイギリスの高校では、すでに評価への生徒たちの参加を実現していました。評価は教師のみがするものではなく、生徒と一緒に考えるものになっていたのです。教師の主な役割は、生徒との違いが出た点の話し合いにシフトし、それも四年間のうちの最初の二年間ぐらいで必要なくなるそうです。学校が目標に掲げた「卒業するまでに、自己評価ができるようになる」を実現していたのです。詳しくは、『テストだけでは測れない！——人を伸ばす「評価」とは』（吉田新一郎著、日本放送出版協会）をご覧ください。

7……『学校と社会・子どもとカリキュラム』の邦訳は使わず、訳者の訳による。

8……アメリカでは州の独立性が強く、もともとカリキュラムも州ごとに作成されていました。しかし、二〇〇九年頃から、各州共通のカリキュラムスタンダードを策定しようという動きが出てきました。子どもたちが大学に進学したり、就職したりする準備を整えるための明瞭で一貫性のある枠組みを提示する目的で、各州共通基礎スタンダード（Common Core State Standards）ができました。

9……前掲の「ハック・シリーズ」もこの発想のもとに出されている教育書シリーズですので、ぜひ参考にしてください。

10……残念ながら、テストや成績にはサイクルの一部という機能はありません！　学びをブツ切りにする機能はあっても。

11……形成的評価は、基本的に教師と生徒が一緒に行うものです。従来の日本の教育では、評価は他者が行い、自己評価は自分自身で行うものだと考えられていますが、形成的評価も総括的評価も、本来は教師と生徒が共に行うべきものです。この点の理解には、『一人ひとりをいかす評価——学び方・教え方を問い直す』（C・A・トムリンソン＋T・R・ムーン著、北大路書房）や前掲の『テストだけでは測れない！』が役立ちます。

12……テストや成績の総括的評価には、このような機能はありません！

13……世界中でも、生徒一人ひとりが自分のカリキュラムを考え出し、それを遂行できる学校はまだ極めて稀です。なにせ、与えられた教科書の内容を覚えることが主流であり続けていますから。

14……https://usatoday30.usatoday.com/life/2001-06-11-cheaters.htm でこのことについての USA Today の記事を読

むことができます。

15……ＭＥＴの卒業生であるアドリア・スタインバーグの論文“Forty-Three Valedictorians”をhttp://www.whatkidscando.org/archives/portfoliosmallschools/MET/valedictorians.pdfで読むことができます。

16……別の言葉でいうと、自己評価能力、自己修正改善能力、そして新たな目標を設定する能力などです。

第8.5章
スタンダード（到達目標）を測るためのテストは存在しない

いくら測っても背は伸びない。

——フィリップ・ガメイジ

〔Phillip Gammage は幼児教育の分野の経験が豊富な大学教授〕

さあ、テストの時間です。以下の小論文の問題は、標準学力テストがいかに馬鹿げているかを、また、私たちが実際に生徒に達成させたいスタンダード（到達目標）とは何の関係もないことを、あなたが本当に理解しているかどうかを評価するためのものです。

1　生徒を「一人ずつ」評価したらどうなるでしょうか？
2　生徒がもっと学びたいと思ったかどうかで、生徒の学びを評価したらどうでしょうか？
3　生徒がもっと頑張ろうと思うような評価をしたらどうでしょうか？
4　人生の振り分けに使われるというよりも、実生活に影響するものだとしたらどうでしょうか？
5　すべての生徒が、それまでの知識と比較してどれだけ学んだかや、そこに到達するまでのプロセスを示す個別テストを受けることができたらどうでしょうか？
6　生徒が何を知るべきかを政府や大手出版社に任せるのではなく、一人ひとりの生徒のことを本当によく知り、気にかけている人たちが、生徒のために到達目標を設定することが許されたらどうでしょうか？
7　生徒が学校を卒業したときに世間が求めるのと同じ到達目標を、私たちが生徒に求めたらどうでしょうか？
8　到達目標とは、生徒が数か月または数年に一度のテストで測定しなければならない外面的なものではなく、生徒が日々内在化し、自分自身に課すものだと考えたらどうでしょうか？
9　生徒とその生徒の学びに関心をもつ人の前で、生徒が自分の成果を披露するような、真のパフォーマンス評価を通して評価したらどうでしょうか？

10　私（や私の同僚）が、標準化や標準学力テストに腹を立てるのをやめたらどうでしょうか？　そうです、本当にそうなったら⁉

●●●

黒人心理学者協会（Association of Black Psychologists）[1]の設立メンバーであるケネス・ウェソンはかつて、「正直になろう。もし、貧しいスラムの子どもたちが標準学力テストで、郊外の裕福な家庭の子どもたちを常に上回っていたとしたら、それでもなおこのテストを成功の指標として使うことにこだわるお人好しはいるだろうか？」と見事に言い放ちました。そうです。正直になりましょう。答えは「ノー」です。

どの生徒にも合う成功の指標は存在しません。たった一つの到達目標で、この国のすべての生徒を教えることなどできないのです。たった一つのテストで、すべての生徒の知識を測ることなどできないのです。元労働省長官バーナード・ライシュは、標準化された仕事がなくなっていくことを誰もが認めているのにもかかわらず、標準化されたテストに重きを置く矛盾を次のように指摘しました。「今の高校生が一〇年後に何をしているか、一つだけ確かなことがある。全員が同じことをしているわけでもなく、同じ知識を使っているわけでもない」。ライシュはまた、次のようにも説明しています。「私たちは、画一的な制度をつくり、不必要に多くの若者に落伍者の烙印を押している。もし彼らが異なった教育を受け、その進歩が異なった方法で評価されれば、成功できるかもしれないのに」

個人的に話をすれば、多くの教師が、標準学力テストよりも、日々の生徒とのやりとりの方が生徒を正確に評価できると語っています。しかし、私たちの多くは基本的には定量的なデータに反対しているわけではないので、測定方法がすでに示されていたり、決められたりしていれば、それを使います。私たちがすべきことは、(テストの開発に費やした資金はもちろんのこと)エネルギーを費やして、**学校をよくし、生徒を成功に導く要素を測る真の方法を見つける**ことです。

ロードアイランド州には、ピーター・マックウォルターという教育長がいますが、彼は州立学校がうまくいっているかどうかを評価し、理解するためには、読解力や算数・数学の点数だけでは不十分であることに気づいていました。そこで彼は、SALT調査(School Accountability for Learning and Teaching〔学ぶことと教えることに関する学校の責任〕の略)と呼ばれる、生徒、保護者、教師を対象とし、本当に大切なものを調べる、まったく新しい測定ツールの導入を支援しました。SALT調査の中で、私が気に入っている質問をいくつか紹介します。

生徒に対する質問

・学校に関する問題を教師に相談することはよくありますか?
・個人的な問題を教師に相談することはよくありますか?

保護者に対する質問

・学校が保護者を大切なパートナーとして考えていると思いますか?
・この学校は安全な場所だと思いますか?

教師に対する質問
・生徒は個別のメンタリングやコーチングをよく受けていますか?
・生徒は「リアル」な社会での学習活動によく取り組んでいますか?
・あなたは仕事上、どの程度「意思決定に参加」していますか?

これらの質問に関して他の州立学校と比較すると、METは圧倒的に高い点数を取っています。私はそのことをとても誇りに思っていますが、私がそれらの質問を気に入っている理由は、本当に重要であるにもかかわらず、これまでほとんど測定されていなかったことを明らかにしているからです。

私がとても恐ろしく、そして腹立たしく感じていることは、標準学力テストや「成果を出していない」学校への影響について語られる中で、学校が**健全な人間**を育てているかどうかを誰も測定していないことです。自分の子どもに何を望むのかを人に聞けば、幸せであること、学ぶことが好きであること、敬意をもっていること、親切なこと、本物のスキルを身につけること、世の中に貢献すること、と答えるでしょう。では、学校が何を教え、どのようにテストを行っているのかを見てください。テストはまったく的外れなことをしています。

もう一つ私が腹を立てているのは、生徒が高い点数を出した学校や教師への報奨として、その学校の資金や教師の報酬を増やすというのは、まったく逆のことだという点です。もし政府が、州や連邦政府が決めた到達目標を満たすことが重要だと本当に考えているのなら、到達目標を満たすことが困難な学校にもっと資金を提供することで、優先すべきところに資金を投入すべきです。

「落ちこぼれゼロ法案」[2]は忘れてください。私たちは落ちこぼれを生み出しているだけでなく、その過程で生徒の自信を失わせてしまっています。ロバート・J・スタンバーグは、「一度適性検査で低い点を取った生徒は、自分のことを頭が悪いと思うようになる。たとえ成績がよくても、自分は頭が悪いにもかかわらず、成績が上がったと考えるかもしれない。社会も同じように見ているのだろう」と指摘しました。

私がこの原稿を書いている今、テキサス州は全米に先駆けて、ハイステイクステスト[3]を実験的に導入しています。しかし、テキサス州がこのプログラムを実施してから、どれだけ退学率が上昇したかをよく見てください。実際、全米でもっとも退学率が高い都市部の二〇地区のうち、七地区がテキサス州にあります。全米で退学率がもっとも高い一〇州のうち九つの州が卒業試験を実施しているのに対し、卒業率がもっとも高い一〇州では、そのような方針はありません。今年もテストを受けるように言うと、「どうしてわざわざそんなことをしないといけないのか?」と言って退学してしまうでしょう。

以下は、二〇〇二年七月一八日付の「ボストン・グローブ」紙の記事からの抜粋（太字は筆者による）です。

「学校――MCAS不合格者の多くが退学」

二〇〇二年七月一八日　ボストン

ボストン市教育委員会は昨日、二〇〇一年春に行われたMCAS（マサチューセッツ州総合評価システム）に不合格で、同年一二月の追試を受験しなかった二〇〇三年度卒業の生徒のうち、**相当数が高校を退学している**との調査結果を発表しました。

昨日、教育委員会で発表されたデータによると、春に行われたMCASで数学が不合格だった一六七五人のうち、五七二人が追試を受けておらず、この五七二人のうち一六八人は高校を退学したことがわかりました。追試を受けなかった生徒のうち二七八人が高校に在籍し続けています。一〇六人は教育委員会の外に転籍し、二〇人は除籍や、入院、刑務所に送られたことが理由で除かれました。

英語では、一三三〇人が一回目のテストに合格せず、三七九人が追試を受けませんでした。そして、そのうち、一〇七人が退学しました。残りの生徒のうち、一八七人はテストを受けず、六八人は教育委員会の外に転籍し、一七人は除籍、入院、刑務所に送られたことが理由で除かれました。

これまでのところ、ボストン市で**二〇〇三年に卒業予定である生徒の五一％がまだこのテストに合格していません**。

教育委員会のエリザベス・ライリンリガー委員長は、**学校に在籍しているにもかかわらず追試を受けていない生徒が多いことを懸念**しており、「この状況は問題です。何が機能していないのか、原因究明に努めます」と述べました。

彼女は追試を受けなかった生徒のことを心配しているのでしょうか？　退学した生徒のことは心配しているのでしょうか？　除籍になったり、入院したり、刑務所に送られた生徒のことはどうでしょうか？　テストのことになると、私たちの優先順位がこれほどまでに狂ってしまうことが本当に恐ろしいです。

また、かなり多くの教師や保護者、生徒が、テストがどのようにつくられ、その背景にある考え方がいかに欠陥のあるものかを知らないのも、恐ろしいことです。まず、現在全米で広く使われている標準学力到達度テストが五つあることを理解することが大切です。州によっては、州独自のカリキュラム目標に沿ったスタンダードに基づくテストを使っていることを宣伝している場合があります。しかし、これらの州が独自につくったテストのほとんどは、全国規模のテストを作成している五社のうちの一社によってつくられていることは公になっていません。元カリフォルニア大学ロサンゼルス校教授のジェイムズ・ポパムが『*The Truth About Testing: An Educator's Call to Action*（テストの真実——教育者が行動するきっかけ）』の中で、「結果として、全国テストに向けられる批判の多くは、州全体の標準学力到達度テストにも的確にあてはまる」と説明しています。

この著書の中でポパムは標準学力テストを分析し、**学校や教師の教育実践の有効性を検証するために、これらのテストが使われるべきではない**、説得力のある三つの理由を述べています。第一に、教育におけるあらゆることと同様に、「それ一つで誰にでも合う」テストは存在しません。「標準学力到達度テストの項目が実際に何を測っているかを詳細に見ると、半分以上の項目は、特定の地域や州では教えられるはずのないものであることがよくわかる」とポパムは述べています。第二に、テストの開発者が信頼性を追求するあまり、大多数の生徒が答えることができる項目がテストから取り除かれていることです。つまり、**教師が重視し、生徒が習得してきた内容を、テストの作成者が省いている**ということです。最後に、ポパムは、これらのテストが「指導以外の要因（カリキュラム内容、社会経済的地位、先天的な学力適性など）も生徒のテストの成績に影響するため、生徒の学校教育の質を判断するために使用すべきではない」という考えにまるごと一章を割いています。

次に紹介する記事や本を読んでみてください。これらの記事や書籍には、標準学力テストやナショナルスタンダード（国が定めた到達目標）の恐ろしさや完全な失敗について、言及するべきことがすべて書かれています。[4]

スタンダードと標準学力テストについてのおすすめの本

『ビッグ・テスト――アメリカの大学入試制度　知的エリート階級はいかにつくられたか』
ニコラス・レマン著　久野温穏訳　早川書房（二〇〇一年）

『ひとりひとりこころを育てる』
メル・レヴィーン著　岩谷宏訳　ソフトバンククリエイティブ（二〇〇三年）

『とてもすてきなわたしの学校』
ドクター・スース＋J・プレラツキー文　レイン・スミス＋ドクター・スース絵　神宮輝夫訳
童話館出版（一九九九年）

一人ひとりの生徒を評価する

最後に、あるMETの生徒が（奇妙なことに）州の作文のテストのために書いた素晴らしい作文を紹介して、この短い章を終わりたいと思います。この作文では、新しいテストを実施するという提案について、生徒が教育委員会に手紙を書くよう求められていました。

教育長殿

個人的に、この提案には強く反対します。まずお伝えしたいのは、この学校にいる人は皆、学習レベルが違うということです。テストに合格しないからといって、学校に残ることができないなんてフェアではありません。誰にでもチャンスが与えられるべきです。

例えば、あなたが自転車の乗り方を習い始めたばかりで、何度も転んでいるとします。もう一度やってみようと決心し、今回は転びませんでした。あなたは自分を誇りに思うでしょう。もし誰かが、初めて自転車に乗ったときに転んだからといって、自転車を取り上げると言ったらどうしますか？　彼らは、あなたが自転車に乗れることを証明するチャンスをあなたに与えていないのです。

考えてみてください。生徒は高校を卒業しなければ、大学にも行けず、なりたいものにもなれないでしょう。誰もあなたがあなたであることをやめさせることはできません。目が見えないからといって、物事を見抜く力がないということではありませんし、歩けないからといって、遠くに旅行することができないということでもありません。テストに合格しなかったからといって、その人が学校で学び続けることができないというわけではないのです。生徒に必要なだけのチャンスを与えれば、将来、必ず成功するのです。

人生において、誰にでもチャンスがあります。そして、そのチャンスを奪う権利は誰にもありません。誰でも過ちから学びます。最初に失敗したときに学ばなくても、二回目にきっと学ぶでしょう。すべてその人次第なのです。

ヴァネッサ・クエヴァス

生徒が書いたにしては、かなり説得力があると思いませんか？ 私は作文のテストが一番好きです。なぜなら、作文のテストでは、生徒それぞれが自分独自の方法で表現することができ、何を知っているかを示すことができるからです。しかし、すべての生徒にまったく同じ出題をするので、その点では好きではありません。もし、生徒が作文のテーマに興味がなかったらどうすればいいのでしょうか？ ある生徒が情熱をもって取り組んでいるテーマに関する出題をすれば、その生徒はいい文章を書くことができるでしょう。一方、別の生徒はその生徒が本当に書いたとは思えない文章を書くかもしれませんし、まったく何も書けないかもしれません。ヴァネッサがこれを書いた年、私たちはとても幸運でした。第一に、州のテストに実際に作文が出題され、第二に、テーマが、ほぼすべての生徒が強く反対するものだったからです！

また別の年には、ロードアイランド州の作文問題で、学校新聞における言論の自由について書きなさいという問題が出題されました。それに対して、ある生徒が、学校新聞のない小さな学校に通う生徒にはふさわしくない問題だと指摘しました。彼はおそらくあまりいい点数を取れなかったでしょう。私の到達目標では、彼は自分の（型破りな）考えを論理的に伝え、紙の上に表現する能力だけで、満点を取ることができたのです。また、ある生徒が、テストの課題に対して、自分の意見がなく、与えられた時間内に何も思いつかなかったので、解答しないことにしたと言ったことがありました。その代わりに、なぜ標準学力テストが嫌いなのかについての作文を書いたそうです！

私たちは、生徒を評価する方法と、生徒に課す到達目標を変えなければなりません。たった一つの到達目標やテスト、問題では、特定の学校で個々の生徒がどのように過ごしているのか、知りたいことを教えてくれません。教育委員会や州や国にとって、標準学力テストを受ける生徒は、政策を決めたり、資金を配分したりするために使われる数字でしかありません。一方、この作文を書いたヴァネッサにとっては、友人やクラスメイトであり、それぞれ一人の人間として評価されることを望んでおり、またその必要がある存在です。私たちは皆、ヴァネッサと同じように思っているのではないでしょうか？

学びを深めるための問い

1 テストは、学びに対してどのような影響がありますか？
2 テストは、テスト後の学びに対してどのような影響がありますか？
3 あなたがこれまでの人生で受けたテストについて、何か覚えていることはありますか？
4 標準学力テストによって、あなたの知識や能力、あるいは生徒の知識や能力が、誤って評価されていると気づいたときのことを教えてください。
5 あなたが人に教えられるほどよく知っていることについて、考えてみてください。あなたが教えた人がその知識をどの程度身につけたのかを測る最善の方法とはどのようなものでしょうか？

1……一九六八年にサンフランシスコで設立されたアフリカ系アメリカ人心理学者の専門家協会です。

2……ジョージ・ブッシュ・ジュニアによって成立されたこの法案は教育関係者の間で人気がなく、バラク・オバマ政権になって廃案になりました。

3……high-stakes test は、受験者の進路を決定づけてしまう可能性が高い進級試験や卒業試験ないし入学試験などを指します。それに対して、low-stakes test はその可能性が低い、クラスの中だけで行われるテストのことです。

4……二一点紹介されている中で、邦訳のあるもののみを掲載します。その他の情報が欲しい方は、pro.workshop@gmail.com にお問い合わせください。

第9章
実現する

世界に変化を求めるのであれば、自分自身が変化になりなさい。

——マハトマ・ガンジー

「自分自身が変化になりなさい」というガンジーの言葉も、**「問題こそ友だちである」**というトム・ピーターズの言葉も、長い間私が大切にしてきたものです。学校では、心を落ち着けて、前に進んでいこうとする気持ちをもう一度奮い立たせるために、共通理解している言葉（モットー）がどれほど大切であるかを誰もが知っています。

トムという生徒が世界でもっとも成功しているビジネスについて研究し、「これは問題かな？　よし、これを追究してみよう」という気概をもった人がうまくいくということに気づきました。学校でこんな言葉が口をついて出てくるようになる必要があります。この粘り強さが、学校を強くし、変化をもたらすのです。文句を言っている暇はありません。私たちにはしなければならないことがあります。助けなければならない生徒がいるのです。

私たちは誰一人、楽をしたくて学校にいるわけではありません。**楽をしたいなら、何か教師ではない他の仕事に就いているでしょう**。だから、いつ問題が起こったとしても、取り乱したりしないのです。直面する問題をすべて解決できるわけではありませんが、少なくともその問題に対して何らかの働きかけができることを前向きに捉えられなければなりません。つまり、実際に私たちが世界を変える原動力になり得るということです。

変化は可能であるだけでなく、必然でもあります。子どもたちは未来を失いつつあり、私たちはその子どもたちを失おうとしています。

——現在の危機的状況を生み出したのと同じ考え方のままでは、世界は現状を乗り越えて、進化することはできない。

アルバート・アインシュタイン[1]

●●●

ここまで述べてきたことは、よりよい学校をつくることにとどまりません。子どもを救うこと、つまり正義について述べてきました。マイルズ・ホートンによるシティズンシップ・スクールのプログラムは、一九六一年に、マーティン・ルーサー・キング・ジュニア[2]が率いる南部キリスト教指導者会議（SCLC）に移管されました。[3]シティズンシップ・スクールは、ホートンのハイランダー教育プログラムの一部ですが、活動家を教育し、社会変革を起こすために設立されました。そこでは、ホートンが「二つの目」[4]と呼ぶ教育理論を用いました。それは、一つの目で人々の現状を注視し、もう一つの目で将来の可能性を見通すというものでした。このプログラムが南部キリスト教指導者会議に移管されたとき、ホートンはスピーチを行いました。その中の次の言葉は、よりよい教育制度を求める闘いにもあてはまると私は考えます。

社会的、経済的正義を求める闘いが大きく、ダイナミックになって、活動の場が熱を帯び、火花が非常に速く飛び散り、それが爆発してどんどん次の火花を生み出し、ほとんど永久に広がり続けるような状態になってほしいのです。学びは人から人へと飛び移ります。それがどのようにして起こったのか、明白な説明はできません。

戦略を変えるべきときです。「何もできない」「そんなに強い人はいない」「今までいつもこのやり方でやってきたのだから、このやり方でなければいけない」という、非常に多くの校長や教師たちが縛られている思い込みを取り去るべきときです。教育制度を変えるべきときです。必要とあれば、一校ずつ教育制度を変えていきましょう。

変化し続けること

私は大の車愛好家というわけではありませんが、地方紙の自動車についての記事を読んで、革新や変化に関する素晴らしい情報を見つけることがあります。今までに見つけた最高の記事の一つは、二〇〇二年三月のプロビデンス・ジャーナルの記事で、ゼネラルモーターズの最高経営責任者であるリック・ワゴナーが自社の新しい自動車について次のように語ったものです。「我々は『一〇〇年前ではなく、今自動車を発明しているとしたら、どうだろう？　何が違うだろうか？』という前提から始めた」。これは、新しい学校をデザインし、開校するにあたって、私たち自身にも問うべき力強い問いです。ビザ・クレジットカード協会の創設者であるディー・ホックはよく「問題は、新しく革新的な考えをどうやって頭に取り込むかということではなく、古い考えをどうやって捨てるかだ」と言います。

教育に関しては、私たちは既存の枠組みにとらわれずに考えることが難しいだけでなく、枠組みにとらわれすぎて、外の世界が見えなくなっています。ＭＥＴを開校して二年目に、大勢で何かを変えようと話し合っていたのですが、「でも、私たちはいつもこの方法でやってきたじゃない」と言った人がいました。一瞬静まり返って、全員が声をあげて笑い出しました。なぜなら「いつも」というのはたった一年で、実際には一回しかやったことがなかったからです。しかし、すでに変えることを躊躇するようになっていたのです。

学校は変化し続ける生命体でなければなりません。いつも変化し続けなければなりませんし、どんなときも変化のための準備ができていなければなりません。素晴らしい学校は、自らを見つめ、その運営に疑問をもち、適宜調整し続けているという点で、成功しているビジネスに似ています。生徒が変わるとき、テクノロジーが変わるとき、優先事項が変わるとき、新しい研究によってよりよいやり方が示されるとき、その都度、調整しなければなりません。唯一の決まったカリキュラムは存在しません。つまり、一人ひとりの生徒に独自のカリキュラムが必要なのです。METのカリキュラムは、独自の方法で学習内容と目的を配列したものですが、ただ**一人ひとりの生徒にとってベストなものであるだけ**です。

METでは、毎日小さな変化があります。生徒が新しく何かに興味をもったら、その生徒の学習計画は変更されます。また、生徒が他の目標に到達する前に、教師が読解の力を伸ばすべきだと気づいたら、学習計画は変更されます。従来の学校と比較してみてください。従来の学校では、ある生徒が同じ学年を三回留年したり、毎年まったく同じカリキュラムをなぞるだけだったりします。何の変化もありません。

METの例をさらにいくつか挙げましょう。あるとき、一年の真ん中で日課を完全に変更したことがありました。そんなことをしたのは、上級生を下級生のバディーにして、一緒に学習に取り組めるようにしたいという、ある教師の考えを実現するためでした。また、私たちは生徒が進学を希望する大学の要求に応えられるよう成績証明書のフォーマットを何度も修正してきました。全校生徒の多様性に偏りがあると気づいて、地元のアジア系の新聞や教会を通じて、生徒募集を行ってきました。頻繁に方向転換したり、やり方を根本的に改良してきた（そうしながらも常に根底にある私たちの理念に忠実であり続けてきました）ことを、私は誇りに思っています。なぜならそれは、私たちが**コミュニティーが必要としていることに絶え間なく目を向け、それを実現しようと取り組んできた**ことの証だからです。

● ● ●

——私たちは今、昨日まで誰も知らなかったことを子どもたちに教え、いまだ誰も知らないことに備えて学校を準備しなければならない段階に来ています。[5]

マーガレット・ミード

ほとんどの学校が根本から変わる必要があります。現在の学校では、教科中心の四五分授業が当たり前で融通が利きません。そんな学校の中でできる変化は限られていると私は考えています。生徒のニーズを真に満たすためには、大きなパラダイムシフトが必要です。自分のやり方に固執している教育者は、そのやり方を一度「リセット」し、目を見開き心を開かなければなりません。そして、**私たち全員が自分のやっていることに常に疑問をもたなければなりません**。私たちが身につけるべき唯一のリズムは、変化のリズムです。

矛盾しているようですが、柔軟な変化を促す強固な構造を築くことは可能です。その一つが、振り返りの習慣であり、ＭＥＴの取り組みの根幹です。ジャーナルを書いたり、グループや一対一でじっくり話し合ったり、職員向けの週刊ニュースレター「ＴＧＩＦ」を書いたりと、学校コミュニティーとして、私たちは常に自分たちが何をしているのかや、うまくいっていることや苦労していることについて考えています。また、METでは生徒を毎年、卒業まで、そして卒業後も追い続ける仕組みをつくりました。これは、私たちが取り組んでいることを見つめ、真の変化をもたらすために必要なフィードバックを得るための、一つの体系的な方法です。

この本で論じている理念は、一九七二年に私が初めて校長職に志願したときに抱いていた理念に近いです。そして、METの理念にも通じます。しかし、METは私の最初の学校とはまったく違って見えます。なぜなら、時代も、生徒も、教師も違うからです。私自身もその当時とは違います。私が大事にしている理念は、私が生まれる何年も前にジョン・デューイが抱いていた理念と似通っています。しかし、もちろん彼の実験学校はMETとはずいぶん違っていました。今、METで私たちがしていることは、二年後、五年後、一〇年後には通用しないとわかっています。しかし、学校コミュニティーとしてお互いを尊重し、信頼し合い、私たちが共有する精神と知性に頼れば、うまく機能するアプローチを見つけることができるということもわかっています。私たちは、学習、学校の構造[6]、評価、カリキュラム、教師の役割について、自問し続けます。私たちが大事にする理念に忠実でありながらも、最新の研究結果に注目し、時代や生徒や職員に合わせて、私たちの理念を遂行するための方法を変え続けていきます。私たちのこの姿勢は、プロビデンスにMETを新しく四校設立したときに、可動式の壁を取り入れた設計を選んだことにもっとも象徴的に表れています。学校の物理的な構造さえも、時代によって、また、その中で過ごす人々のニーズに合わせて変えられなければならないのです。

常に変化の準備ができているからといって、私はイライラしたり、居心地悪く感じたりはしません。いつも新しい働き方を見つけるチャンスがあると思ってワクワクしています。毎日ワクワクしながら、**今までよりもよい方法で生徒を教育する**にはどうしたらいいだろうかと学んでいます。常に苦労を伴いますが、私にとっては楽しい苦労です。同僚の一人であるエレイン・ハックニーはかつて、次の格言を残しました。**「不快とうまくいっていないことを混同してはならない」**

セヤー高校で働いているときに私はある本の一つの章を執筆し、そこですでに次のように述べていました。METやビッグ・ピクチャー・カンパニーが国中で開校しようとしている新しい学校について、今だからこそ言えるようなことをその頃もうすでに言っていたのです。

何年もうまく機能している学校は、どのように見えるでしょうか？　残念ながら、私にはまだよくわかりませんが、それこそがワクワクすることなのです。それこそ、理論を実践に移すことの素晴らしさなのです。問題を解決するということは、とても刺激的なことなのです。

つまり、かつてフランシス・ベーコンが言ったように、「物事は、確信をもって始めると、最後は疑惑に包まれて終わるものだ。しかし、初めに疑ってかかり、じっくりそれに耐えれば、最後は確信に満ちたものになる」ということです。

●　●　●

教育現場には絶え間なく困難が押し寄せているので、多くの教師が教科書やワークシートに頼りすぎてしまうのも仕方ありませんが、彼らも動きながら学ばなければなりません。生徒がにぎやかで、お互いに注意を向けられず、教師に注意を向けるのも難しいとき、「三七ページをめくって質問に答えなさい」と言えば、混乱が収まり、一時的に教室が静かになるものです。最近では、生徒の注意を引きつけ、教室内の他の雑音に負けないようにするために、ワイヤレスマイクを使う教師も出てきたようです。教育とは、誰が一番大きな声を出せるかということではありません。生徒と教師がお互いに耳を傾けたいと思うことなのです。真に個別化された小さな学校であれば、それが可能になります。

私が、友人のトム・ピーターズに困難な状況に対処するためのアイディアを求めるもう一つの理由は、彼の著書のタイトルが『*Thriving on Chaos*（混沌の中で繁栄する）[7]』だからです。トムは、「繁栄する（Thriving）」という言葉にたどり着くまでに長い時間を要したと言います。彼は変化のプロセスの準備をし、それを楽しまなければならないということをどう表現しようか探していたのです。私たちの学校は、繁栄している環境に違いありません。混沌とした中でも、美しさの中でも、繁栄している環境です。

あらゆる業界のリーダーたちが、「（アイスホッケーでは）パックがあるところに滑るのではなく、パックがやってくるであろうところをめがけて滑る」というウェイン・グレツキー[8]の名言を使って、部下たちに現在の状況ではなく、目指す状況に目を向けるように促してきました。このセリフは使い古されたもので、グレツキーの言葉ではないとも言われていますが、私は、教師として日々行わなければならないことを表す素晴らしい比喩だと思います。つまり、今の生徒を見て、彼らが目指す場所にたどり着いたときに必要なものを想像するのです。実際、この言葉を「生徒が今いる場所、そして、これからたどり着くであろう場所に向かって滑る」と言い換えることもできます。**私たちは皆、ときどき自分の状況を見直し、新しい状況において古いパターンに固執していないか確認する必要があります。**

私が一から新しい学校（初めはショアハム、次にMET）をつくることができて、とても幸運だったと人は言います。[9] これは特別な好条件だったと私自身も思います。というのも、新規立ち上げを行うときには、管理職は教職員を選ぶことができますし、それは間違いなく管理職が行うもっとも重要な選択だからです。

しかし、一旦新しい学校が始まれば、どの学校も抱えるジレンマに直面します。毎時間、目の前の生徒を気にかけながら、同時に、うまくいっていないと思うことをどうやって変えたらいいのか考えなければならないというジレンマです。**まるで走り続けている車のタイヤを交換するようなものです。**[10] METでは、生徒から離れて教職員だけで集まるために多くの時間を取っています。私が今までに関わったどの学校よりも、教職員が集まることに多くの時間を費やしています。月に一度の教職員だけの日帰りリトリート（研修）、週に一度のスタッフミーティング、月に一度の学年チームミーティングなどを行っていますが、それでも学校の状況は大変であることに変わりありません。

私たちは皆、一生懸命働いていて、自分の弱みに目を向けるのがつらいため、うまくいっていないことを変えようとするのも困難です。鍵は、バランスを取ることです。今、取り組んでいることを肯定的に捉えることができ、さらに、自分の仕事を批判的に捉え、前に進んでいくことができるくらい心地よい状態である必要があります。馬鹿らしいと思う人がいるかもしれませんが、**「仕事は仕事だ」**と言いたいです。教師として私たちがすることは、読むことであれ、書くことであれ、生徒に言うことであれ、同僚同士でお互いに言い合うことであれ、私たちの仕事なのです。

「でも、一日の時間は限られているし」とか「送迎バスや部活のスケジュールがあるし」という声が聞こえてきそうです。人生には優先順位があります。だから、自分の理念を優先させるのです。METでは、私たちが行うことすべて、「一人ひとりの生徒を大切に」という理念に帰結します。バスや部活の問題はありますが、何よりもこの理念に集中できるように、学校運営を支えてくれる、「これで十分」という体制を整えておこうとしています。私たちはすべてのことを、「一人ひとりの生徒を大切に」「リアルな仕事」「興味をもって学ぶ」「家族の参加」という私たちのモットーに照らし合わせてチェックします。

これはどういうことでしょうか？　重要なことに力を入れられるように、それ以外のことをほどほどにやっていくということです。単純なことです。どの校長も教師も事務処理をしなければなりませんが、どの事務処理を優先するかは彼ら次第です。**あなたが何を優先しているかは、あなたの学校や教室に入ってきた人にはすぐにわかるでしょう**。あなたが何を優先しているかは、今だろうと、一〇年後だろうと、あなたの生徒に直接、学校での経験について尋ねれば途端に明らかになってしまいます。もしあなたが彼らの教師や校長であれば、彼らに何と言ってほしいですか？

●　●　●

変化の準備ができている学校や、一人ひとりの生徒を大切にする学校のいい点は、何かが起こったときの危機対応にあります。何かが起こったときに、それを、「本来やるべきこと」（読んでいる本やその日の授業計画で定められた具体的な内容）に戻る前に片付けなければならないこととして扱わないのです。危機が学習すべき内容になるのです。危機が、生徒が学んでいるものになり、それに取り組むことが教職員の仕事となるのです。

セヤー高校で、父親に性的虐待を受けている女子生徒がいました。ついに彼女はそれを認め、母親に打ち明け、警察に行きました。裁判の日がやってきて、その生徒は裁判所へ出向き、証言をし、学校に戻ってきました。私はそのときやっていたことを中断して、時間を取って彼女と話をしました。それから、彼女に数学の授業に行くように言いました。そのときのことをありありと思い出すことができます。彼女は数学の授業にまったく気持ちが向いていませんでしたし、その瞬間の彼女の人生に数学は何の役にも立たないと私自身がわかっていました。しかし、他に彼女を行かせるところがありませんでした。学校には、彼女が必要としている方法で彼女を支援できるような体制はありませんでした。彼女を助けようとしていた私を支援するような体制もありませんでした。

このことを、生徒の一人が自宅前で無差別に射殺されたときのMETの対応と比較してみてください。METでは翌朝、テストの延期を心配する者も、遠足を中止すべきかどうか考える者もいませんでした。生徒に、泣き止んで、授業に行くよう告げるチャイムは鳴りませんでした。その日、私たちがすでに計画していたことは、コミュニティーとして団結し、あの恐ろしい出来事を乗り越えるためにしなければならないことと一致していました。その日、私たちがしなければならなかったことは、生徒に寄り添うこと、生徒のニーズに応えること、生徒とその家族にとって安全な環境を整えること、尊敬と思いやりの文化を創り出すことでした。生徒の死を悼むことが、カリキュラムそのものだったのです。

変化の味方

ロビー・フライドと私が、「変化の敵」である「一二人の囚人」（第2章）を思いついたときに、六人の「変化の味方」も考えました。[11] 教師であろうと、管理職であろうと、保護者であろうと、生徒であろうと、コミュニティーの一員であろうと、障害物をものともせず、先に進もうとするならば、次に挙げる変化の車輪を回し続けるための考え方が役に立ちます。

1 集中力

自分が何を支持しているのかを明確にし、それを学校に関するすべてのことに反映させましょう。集中するためには、理念を壁に貼ることも必要です。なぜ「いつも通り」では満足しないのかを説明しましょう。日々の学校運営における相反する要求や複数の目移りするようなことによって、自分のビジョンから離れてしまわないようにしましょう。

2 深い関与（コミットメント）

変化は簡単に起こったり、すぐに起こったりはしません。教育の流行やスローガンは生まれては消えていきますが、人は残ります。学校を真剣に変えようとする姿勢は、その場に居続けることを意味します。もしその夢が正しいものであれば、それは抱き続ける価値があります。

3 会話

教育の専門用語について話しましょう！「コミュニケーション」という冷たい言葉がどうして「本当のことを言う」「理路整然とした議論」「心を開いて聞く」「正直な意見の相違」「温かく共有された

熱意」などのよい言葉を飲み込んでしまったのでしょうか？　頻繁に顔を合わせて、率直で、人間味のある会話をすることが、学校改革の原動力になります。

4　協働（コラボレーション）

学校は孤独の砦《とりで》です。教師は同僚や保護者と離れて仕事をすることが多く、生徒は混み合った教室で孤独を感じることが多く、校長はめったに姿を見せません。これらの人々が学校を変えようと努力する中で、お互いを仲間だと感じなければなりません。

5　思いやり

学校とは何か、それは他の何よりも、人々がお互いにどう接するかにかかっています。このもっとも基本的な価値観には、スローガンも、ソフトウェアも、近道もありません。「関係が第一、仕事が第二」という古い格言は、授業にも学校運営にもあてはまります。

6　和気あいあいとした雰囲気

学校改革の理念を明確にし、それを集中して、献身的に追求するのは大いに結構なことです。しかし、誰かがピザを買ったり、誕生日を祝う風船を持ってきたり、洒落たお菓子やお粗末なジョークで会議を盛り上げたりしなければなりません。[12] 和気あいあいとした雰囲気とは、受容性、親しみやすさ、好意的な性質のことです。そして、和気あいあいとした雰囲気のおかげで、自分が行う取り組みだけでなく、自分がどんな人間なのかもわかってもらえて、一人ひとりを大切にする文化がつくられるのです。

言い訳だらけの現状を変える

ショアハム中学校の校長をしていたとき、ニューヨーク州の別の町が私たちの学校をモデルにして中学校をつくりたがっているという話がありました。そこで、あらゆる役職の人々が視察に来ました。まず、教師が視察にやってきて、「ここでしていることは素晴らしいけれど、私たちの校長は同じようにしようとは決して思わないだろう」と言いました。教育委員会は、「していることは素晴らしいけれど、校長に同じようにさせることはできないだろう」と言いました。それから、校長がやってきて、「ここでしていることは素晴らしいけれど、教師や教育委員会を説得して同じことをするのは不可能だろう」と言いました。

これは実際にあったことです。全員の視察に対応したのは私だけだったので、この情報をすべて知っているのは私だけです。正直なところ、皆が皆、ただ不平を言っているだけだということに誰も気づいていませんでした。彼らは自分が言い訳をしていると思っていませんでしたし、ただ物事がどうあるかについて現実的に判断しているだけだと思っていました。もし私が声をあげなければ、事態はそのままだったでしょう。結局、私が全員を引き合わせ、「ほら、ご覧なさい。皆さんは全員、自分はここでしていることが気に入っているのに、他の人はそうではないと思っています。しかし、全員が気に入ったのです。では、これからどうしたらいいと思いますか?」と言いました。こうして、全員を乗り気にさせたのです。変化は可能です。ほとんどの人が状況をよりよくしたいと思っているのです。

私がショアハム中学校にいた頃、私たちの革新的なプログラムについて他の学校の校長が「それは、あそこだからできることだ。学校にお金があるんだから」と言っているのを耳にしました。数年後、セヤー高校にいたとき、先程の校長が「それは、セヤー高校だからできることだ。貧しい学校だから」と言っているのを聞いたとき、耳を疑いました。

ＭＥＴを「オルタナティブ（代替）・スクール」と呼ぶ人がたくさんいます。これをあまりよく思っていない人たちは、私たちがしていることは「普通でない」生徒にしかあてはまらない「普通でない」突飛な考えに基づいていると思い込んでいます。「オルタナティブ・スクール」をよく思っている人たちでさえ、それは不自然なことで、リスクを伴うと思っています。しかし、私は、オルタナティブ・スクールに通うことは、代替医療を受けるようなものだと思っています。アメリカに暮らす私たちが「代替」医療と呼ぶものは地球から自然に生まれてくる原材料を使った自然医療であり、一方、「通常」医療は人工的で合成された原材料に依存した現代西洋医療のことです。

実際には、ＭＥＴは多くの分野でもっとも主流の考え方や広く受け入れられている理論に基づいています。

昨今の脳の研究によって、情報に意味を見出したり、知識をつくり出したり、物事を関係づけたり、現実の文脈で学んだりすることによって人間の学習が起こることがわかっています。発達心理学によると、子どもは傷つきやすく、成功するように大切に育てなければなりません。不良グループについての研究によると、若者は自分が文化の一部であると感じることを必要としており、自分よりも大きな存在の一部であることを望みます。また、学習理論は実体験の価値を主張します。著名な小児科医でベストセラー『ひとりひとりのこころを育てる』の著者であるメル・レヴィーンは、子どもは皆、一人ひとり違った学び方をし、標準化されたテストやカリキュラムは子どもを助けるどころか、むしろ傷つけてしまうということを私たちに認識するよう懇願しています。彼は教育者に「神経発達機能の多様性に対して、社会的にも政治的にも断固として前向きに対応」してほしいと求めています。

これは突飛な考えでなく、正しい考えです。**子どもの人生をよりよくするために正しいことをしないなんて、どんな言い訳も通用しません**。裕福であろうと、貧しかろうと、中流階級であろうと、都市部だろうと、田舎だろうと、郊外だろうと、教育委員会に関わっている人は誰でもこの変革を始める助けになることができます。やってみようとして初めて、自分の役割に気づくのです。

あなたが実現する

変化はいつ起こるべきなのでしょうか？　偉大なる人道主義者であるアルベルト・シュヴァイツァー[13]は、「真実には決まったときはない。そのときは常に今であり、実際の状況にもっとも適していないと思われるときにやってくるのである」と言いました。マーティン・ルーサー・キング・ジュニアは、「正しいことをするのに、時を選ぶ必要はない」と言いました。

だから、**今、まさに今**なのです！

もしあなたが保護者、教師、校長、管理職、政治家、あるいは生徒であっても、自分の学校がどうしたら素晴らしい学校になるのか、自分自身のビジョンをつくることから今すぐ始めましょう。内なる自分と対話をしたり、本書の余白やジャーナルを使って最初のアイディアをメモしたり、周囲の人たちと一緒になって全体的なビジョンを構築したりすることから始めましょう。**あなたが思い描いた変化が始まったら、あなたの学校がどうなるか想像してみてください**。**その素晴らしさを支えにして、背中を押してもらうのです**。

そうです。METを開校したとき、私たちは幸運でした。一から始めることができたのですから。私たちの唯一の制約は、「生徒にとって何が最善か？」でした。この本を読んでくださっている多くの方にはこんな機会がなかったということはわかっていますが、それで構いません。それでも私たちと同じように考えることはできます。**この本をここまで読んできたということは、少なくとも生徒と教育のことを気にかけているのでしょうし、それこそが始まりです。**歴史を振り返れば、誰もが一から始めたわけではありません。ジョン・デューイからセオドア・サイザーに至るまで今日、そして未来の教育改革の礎を築くのに多くの人々や組織が貢献してきました。だから、**言い訳をして夢見ることをやめたり、あなたの学校や、地域にあるさまざまな学校をよりよく変えていくために何か（たった一つのことでも）するのをやめたりしないでください。**

また、間違った政策や制度に邪魔されることもありません。「学校の官僚主義は、光を見て変わるのではなく、熱を感じて変わるのだ」とかつて言われたことがありました。最近読んだ本[14]によると、世界でもっとも優れた経営者に共通するのは、**ルールを破る**ことを躊躇しないことだそうです。特別なリーダーは、欠陥のあるシステムをどうやって回避するかを考え、ルール違反をさらに一歩進めて、破られたルールを改め、受け入れられるルールをつくるのだと思います。まず、うまくいくことから始めれば、人々は注目し、他の場所でも同じことをしようとします。このようにしてつまらないルールは破られ、よりよい政策に置き換えられていくのです。それは、小さな規模でも、大きな規模でも、細部においても、大局においても起こります。

世の中にはたくさんの例があります。二〇世紀後半の傾向として、特に都市部では大規模な学校を建設してきました。しかし、そのルールを破り始める教育者が出てきました。一つの大きな建物に四つの小さな学校を入れたのです。そして、自治権のある小さな学校をつくることを要求しました。すぐに、州議会議員たちもこの要求に応じるようになりました。最終的にアメリカの教育省は、大規模校を小さな学校に分割するために数百万ドルの予算を計上しました。

私が知っているある高校では、英語教師がルールを破って、テストを課す代わりに、生徒にポートフォリオを作成させ、エキシビションを行うことにしました。すぐに、英語科全体が真似をして、続いて、社会科の教師も同じことをしました。まもなく、学校全体がポートフォリオとエキシビションを評価ツールにしました。この結果に感銘を受けた教育長は、ポートフォリオとエキシビションを卒業要件にすることを段階的に導入するため、教育委員会全体の計画を立てました。

●●●

あなたが誰であろうと、地元の学校や教育制度の中でどんな役割を担っていようと、変化に影響を与えることができます。次に挙げるのは、あなたが一歩踏み出すためのアイディアです。

もしあなたが保護者なら……

・学校理事会[15]に加わりましょう。少なくともその会合には参加しましょう。
・自分の子どものニーズに合った公立学校に、子どもを行かせる権利を手に入れるために闘いましょう。
・子どもの友人を招いて、どうやったら自分たちの学校がもっとよくなるかについて話し合えるような夕食会を開きましょう（必ずピザを用意すること[16]）。

もしあなたが生徒なら……

・教師に教育改革についての講座を開くようにお願いしましょう。
・生徒会が学校に関する本物の決定に参加できるよう求めましょう。
・一つひとつの授業における生徒の評価プロセスを開発するために、教師と共に取り組みましょう。

もしあなたが教師なら……

・この本や、学校がどうあるべきかという議論を呼ぶような他の本の読書会を始めましょう。
・生徒に自分の授業を評価してもらいましょう。また、同僚にも同じことをお願いしましょう。そこで得られたフィードバックを学校での教え方と学び方の改善に役立てましょう。
・生徒の家庭で夕食を共にしましょう。
・授業で完璧な（理想の）学校をデザインするという課題を生徒に課し、それを今の学校と比べてみましょう。
・生徒が興味をもっている分野で働いている人にインタビューをして、なりたい自分になるために必要なスキルを見つけてもらいましょう。
・これらの考えの一つで止まることなく、進み続け、学び続け、既存の枠組みの中から這い出そうとし続けましょう。

もしあなたが校長なら……

・保護者、生徒、教師に、これらのリストにあることすべてを、そしてもっと多くのことを実行するように促しましょう。

・生徒が学校を卒業した後もずっと、彼らに対して責任があるということを認識しましょう。もしあなたの目標がいつもベストを尽くすことができる、生涯学び続ける人を育てることであるならば、あなたの生徒に対する責任は、彼らが大人になっても続くものでなければなりません。

もしあなたが大学の学長、入試担当、教育政策に関わる行政職員なら……

・この本はあなたへの協力の要請でもあると思いましょう。高校が、生徒に大学進学の準備ではなく、人生の準備を始めさせることに集中できるように、あなたに何ができるかを考えてみましょう。

・人はどうしたら一番よく学べるのか、大人がどのように学習に取り組むのかを認識し、特に大学の一年目、二年目において、教科書や講義に頼りすぎるのをやめましょう。

・クラスを小さくしましょう。小規模な大学でも、基礎講義には何百人もの学生がいます。高校の教室で三〇人や四〇人といった生徒数では多すぎるということがようやくわかってきた今、大学生にとっても少人数制のクラスの方がよいということを認めなければなりません。

・高校四年間の生徒の成長を、卒業時の生徒と同じくらいのウェートで評価することを始めましょう。[17]

・小さい革新的な学校が行っていることも入学の際に評価されるような、より包括的な入学要件を考え始めましょう。（従来のテストを重視する学校ではない）革新的な環境で学んだ生徒であっても、結局はSAT／ACT[18]のスコアが重視される現在のやり方は、変化の流れに完全に逆行していることを理解しましょう。

・標準化されたテストが貧困層やマイノリティーの生徒に対して不利に働くということを示す研究結果を、入学規定に反映させましょう。

・貧困層やマイノリティーの学生の大学合格率と大学修了率の違いを見て、それを踏まえて行動しましょう。

・大学は社会的地位や序列の移動を見張る門番であり、あまりにも多くの若者が不利なカードを持った状態であなたの元にやってくるという事実を理解し、それに基づいて行動しましょう。

最後に、もしあなたが地域の一員なら……

・地元の学校の学校理事会に加わりましょう。少なくとも、その会合には参加しましょう。

・生徒のメンターになりましょう。

・地元の学校でどんなニーズがあるのかを知り、あなたが時間やリソースを差し出すことでどんな助けができるかを考えましょう。

・職場で若者のメンターになるプログラムを始めましょう。

・同僚や友人とこの本の読書会を立ち上げましょう。

●●●

私たちがＭＥＴとビッグ・ピクチャー・スクールで実践している教育理念は正しいと信じています。学校は、「リアル」な仕事と「リアル」な世界で通用する到達目標を用いて、一人ひとりの生徒をその生徒に合ったやり方で教育し、評価するべきです。学校は、生徒が自分の興味を追求できるようにし、大人や外の社会とのつながりをつくってあげるべきです。学校は、生徒の学びと学校生活にすべての家族が参画できるようにするべきです。具体的に、METでどうやって教育への家族の参画を促していくかや、どのようにしたら他の学校もそれができるようになるのかについては、今後も私たちは考えていくつもりですし、決して変化を恐れてはいけないと思っています。[19]

そこで、お尋ねします。学校はどのようになっていくのでしょうか？　あなたが教育に携わる人であれば、この課題の大きさに圧倒され、教室や職員室に引きこもってテストの日程や学校集会の計画をいじっている方がよっぽど安全だと思うでしょうか？　それとも、私たちの教師としての生活や生徒の未来が、あるべき姿から程遠いままの学校の構造、環境、カリキュラムなどの人質にされていることに怒りで血が沸き立つでしょうか？　教育のための資金が不足し続けている状況であっても、大きな変化は可能であり、必然であり、それを実現するための挑戦を受け入れるのは、プロの教師と一般の人々の両方の責任です。**教育はすべての人の仕事です。今、世界を変えるために、あなたも一歩踏み出してみませんか？**

学びを深めるための問い

1　既成概念にとらわれずに考える力を、どうすれば生徒や周囲の人々に育むことができるでしょうか？

2 ＭＥＴとビッグ・ピクチャー・スクールは、「一人ひとりの生徒を大切に」「リアルな仕事」「興味をもって学ぶ」「家族の参加」というモットーに対して責任をもって取り組んでいます。あなたが自分自身に責任をもつための大切なことは何ですか？

3 学校、職場、私生活で現在抱えている問題や課題を考えてみてください。どうすればその問題を「友だち」として捉えることができますか？ どうすればその問題を、変化の機会や何か違うことをするための手段として捉えることができますか？

4 あなたの学校、職場、家族、私生活のビジョンは何ですか？ それをどのように実現しようとしていますか？ どのようなリソース、メンター、その他のサポート源を利用しますか？ あなたがビジョンへ向かう道を進んでいけるのは何があるからですか？[20]

5 世界を変えるために、あなたは何をしようとしていますか？

1……Albert Einstein はドイツの理論物理学者で、相対性理論などを提唱しました。それまでの物理学の認識を根本から変えたことから、「二〇世紀最高の物理学者」と称され、一九二一年にノーベル物理学賞を受賞しました。

2……Martin Luther King Jr. はアメリカのプロテスタントバプテスト派の牧師。市民やメディアからキング牧師と呼ばれ、アフリカ系アメリカ人公民権運動の指導者として活動しました。

3……マイルズ・ホートンがダン・ウェストと共に、一九三二年、テネシー州モンティーグルにハイランダー・フォーク・スクールを設立し、一九六一年まで三〇年近くにわたり、アメリカ南部の民衆の学びと社会運動に大きく貢献してきました。しかし、反共政策をとるテネシー州との軋轢により、一九六一年にやむなく閉校し、プリグラムが南部キリスト教指導者会議に移管されました。

4……xxiiページ訳注2を参照ください。

5……この言葉はいつ発せられたのか調べてみましたが、見つかりませんでした。ミードが亡くなったのは一九七八年です。少なくとも四〇年以上は、彼女が投げかけた指摘を実現できていないことになります。

6……これは、ハードとソフト両面の枠組みや体制を指しています。

7……邦訳タイトルは『経営革命』(ティビーエス・ブリタニカ)。

8……Wayne Douglas Gretzky はカナダ生まれの元プロアイスホッケー選手。史上もっとも優れたホッケー選手と多くのファンから認められています。

9……それに対してセヤー高校は、極めて保守的な既存の学校をどれだけ革新的にできるかというよりも、いかに基本に忠実なものにできるかの挑戦でした。この章で著者が紹介している理念やモットーを同じように使う形で。

10……訳者の一人が好きなのは、こちらの例えです。https://www.youtube.com/watch?v=JVSiooNywfg

11……なんと彼らは、これらを一九八八年に作成していました!

12……訳者の一人がかつてメキシコの大学で日本語教師として勤務していた際に、教職員の会議で毎月誕生日会が催され、驚きました。真面目でシリアスな議題を話し合ったり、熱心に研修に取り組んだりするだけでなく、大きなケーキとコーヒーや紅茶を楽しみながら、リラックスして一緒に時を過ごすことを重視していました。

13……Albert Schweitzer はドイツ出身の医師で、アフリカでの地域医療に尽力した人物として知られ、ノーベル平和賞を受賞。医師以外にも、神学者、哲学者、音楽学者、オルガニストなど多様な肩書きをもっています。

14……『まず、ルールを破れ——すぐれたマネジャーはここが違う』(マーカス・バッキンガム+カート・コフマン著、日本経済新聞社)

15……アメリカを含めて、欧米の公立学校の多くは、この学校理事会が学校の最高決定機関になっています。校長の採用・解雇権やカリキュラムの決定権ももっています。校長は日々の学校経営責任者で、教師の採用権をもっているといった具合です。日本はこうした人事権も含めてブラックボックス化しているというか、個々の学校レベルの決定が疎かにされていると言えます。誰もがエイジェンシー（主体的に責任をもって変革に携わる意志や姿勢）を感じられない仕組みになってしまっているような……。ちなみに、この後に「会合には参加しましょう」とあるのは、理事会はメンバー限定で行われるのではなくて、生徒や保護者や地域の住民にもオープンで行われるからです。なお、理事会の構成は、数名の保護者および地域住民、数名の教師、高校の場合は二人ぐらいの生徒と校長です。日本の学校運営協議会とは似て非なるもので、日本で参加を申し出ても受け入れられる可能性は極めて低いです。

16……なぜ、ピザだ？

17……卒業時のテストの点数だけで生徒を判断するのではなくて、四年間を通してポートフォリオやブログ、ジャーナルに残した記録をもとに入学可能性のある生徒を見ましょう、という意味です。

18……五一ページ訳註14を参照ください。

19……この本が書かれたのは二〇〇四年で、その後、ＭＥＴスクールがアメリカ国内、およびオーストラリアを中心に海外にも展開しているのを見ると、しっかり見続けていて、輪を広げているようです。

20……逆に、進んでいけないのは何がないからですか？

『読んでわかる！リフレクション（みんなのきょうしつ増補改訂版）』岩瀬直樹＋中川綾著、学事出版、2020 年

ある公立小学校の学級を舞台に、そこで起こった出来事や自身の実践を担任教師が記録します。それを同僚の教師が読み、返信をするという流れの中で「リフレクション」が起こります。教師が児童・生徒とのつながりの中で自分の実践を振り返るとはどういうことなのか、どのような問いを立てればリフレクションが深まるのか、同僚性とはどういうもので、どのように機能するのかなど、大切なことを教えてくれる本です。この本を読んで、ティーチングジャーナルをつけ、同僚同士でやりとりをすることは、どんな教員研修よりも、強力で有意義な振り返りのツールだと感じています。

めに、「自分の強みを知る」ことが不可欠であると述べ、そのための唯一の方法として、「フィードバック分析」を提案しています。実にシンプルな方法です。何かをすると決めたときに、何を期待するかを直ちに書き留め、9か月後、1年後に、その期待と実際の結果を確認するという方法です。ドラッカー自身、これを50年続けているそうです。これによって明らかになった自分の強みに集中していくことが、プロフェッショナルとして成果を上げていくことにつながるのです。日本の教育現場では、生徒も教師も、自分が得意なことよりもできないことにこだわり、それを少しでも克服しようと苦しい努力（無駄な努力）を続けているように感じます。フィードバック分析をすることで、自分の力を発揮する方法を身につけることができるようになるはずです。

『コミュニティ・オーガナイジング――ほしい未来をみんなで創る5つのステップ』鎌田華乃子著、英治出版、2020年
小学生のカナメが、自分の小学校で直面した困難に対して仲間と共に声をあげるというストーリーに沿って、コミュニティ・オーガナイジングの方法を丁寧にわかりやすく学んでいくことができる本です。私には声をあげる力がある！　私の同志たちにも声をあげる力がある！　そう心から思えるようになるためのエンパワーメントの本です。「あの人は明るくて、人望があるけれど、私なんて……」という思いにとらわれる必要はありません。「声をあげる」ことは誰でも身につけることのできる技＝スキルなのです。目の前に何か変えたいものがあるのなら、そのポジティブな変化の原動力に自分がまずなってみようと勇気づけられます。

『人を伸ばす力――内発と自律のすすめ』エドワード・L・デシ＋リチャード・フラスト著、桜井茂男監訳、新曜社、1999年
まず、この本の副題に使われている「自律」は、原著ではautonomyという語であり、本来「自立」と訳されるべきであると指摘したいと思います。autonomyとは、自分以外のものに統制されていない状態であり、自己の有能さ（周囲の環境に自分がうまく対応できること）と自己決定（自分の欲求をどう充足するかを自分で自由に決定できること）を感じている状態のことです。つまり、自らを律する「自律」ではなく「自立」だと言えます。デシは、人間がもつこの「自立性への欲求」「有能さへの欲求」「関係性への欲求」が内発的動機づけの源だと考えています。自分で決めたい、成長を感じたい、周囲の人々といい関係を築きたいという気持ちが、やる気につながるのです。私たち教師は、「内発的動機づけ」という言葉も、その重要性も知っていますが、日々の学校生活において、よかれと思って、「内発的動機づけ」を育てるのと逆のことをしてしまっているかもしれません。20年以上前に書かれた本ですが、いつまでも飴と鞭で生徒の学びを統制している教師にとって、モチベーションに関する自分の思い込みを見直すための必読の本です。

『読書がさらに楽しくなるブッククラブ――読書会より面白く、人とつながる学びの深さ』吉田新一郎著、新評論、2019 年
訳者の一人である吉田さんが書かれた本です。実は本書の翻訳のきっかけも、ブッククラブでした。ブッククラブを開催すると、メンバーから新しい視点をもらうことができ、深く本を読むことができます。コロナ禍ではオンライン上で、友人と、あるいは保護者と、部署で同僚の先生方とブッククラブを行いました。また、コロナ禍のオンライン授業期間中に生徒同士でオンラインのブッククラブを行い、人間関係を広げることも試みました。おすすめです。

『「学び」で組織は成長する』吉田新一郎著、光文社、2006 年
私が「学び」に興味をもつきっかけとなった本の一冊です。同時期に出版されたものに『効果 10 倍の＜教える＞技術――授業から企業研修まで』（吉田新一郎著、PHP 研究所、2006 年）があり、その続編として『効果 10 倍の＜学び＞の技法――シンプルな方法で学校が変わる！』（吉田新一郎ほか著、PHP 研究所、2007 年）もあります。後者は、2019 年に増補改訂版として『シンプルな方法で学校は変わる――自分たちに合ったやり方を見つけて学校に変化を起こそう』（吉田新一郎＋岩瀬直樹著、みくに出版）のタイトルで再刊されています。もともと実践編と理論編の 2 部構成で書かれており、新書ではページ数の制限から実践編しか収録できなかったのですが、改訂版では両方を収録しています。また、『会議の技法――チームワークがひらく発想の新次元』（吉田新一郎著、中央公論新社、2000 年）も、会議が多いとき、どのようにすれば改善できるかの参考に、今でも見返す本です。ちなみに、著者本人が言っていましたが、この本は海外の教育研修の本を参考にして書いた本だそうです。

◆谷田美尾の本棚
『自意識（アイデンティティ）と創り出す思考』ロバート・フリッツ＋ウェイン・S・アンダーセン著、田村洋一監訳、武富敏章訳、Evolving、2018 年
日本人の若者の自己肯定感の低さがよく問題視されます。自分に対して肯定的な意識をもっている方がいいという考え方が広く世界中で信じられていますが、著者のロバート・フリッツは、真っ向からこれに反対します。自己肯定感を高めようと努力することが、さらに問題を悪化させていることを指摘しています。私自身、この本に出合うまで、自分の人生を「解決しなければならない厄介な問題」だと捉えていました。「自分が何者であるか」という自意識にとらわれるのではなく、「人生において何を創り出したいか」にフォーカスすることで、創造的な人生を構築していくことができると教えてくれる良書です。

『プロフェッショナルの条件――いかに成果をあげ、成長するか』P・F・ドラッカー著、上田惇生編訳、ダイヤモンド社、2000 年
この本で、ドラッカーは自らの属する場所がどこであるかを選択できるようになるた

の人生を左右するとありますが、教師の一言が生徒を「こちこちマインドセット」にしてしまい、生徒の人生を奪うことにもなりかねません。生徒の「しなやかマインドセット」を育てるために、まず教師自身が「しなやかマインドセット」をもちたいですね！

『未来の学校——テスト教育は限界か』トニー・ワグナー著、陳玉玲訳、玉川大学出版部、2017年
著者のワグナーは、優秀な生徒が学校で身につける能力と今日の世界で成功するための能力のギャップを「グローバルな学力ギャップ」と呼んでいます。生徒が「リアルな」世界で活躍できるように、このギャップを縮める実践をしている学校の一つとして本書のMETが挙げられています！

『生徒指導をハックする——育ちあうコミュニティーをつくる「関係修復のアプローチ」』ネイサン・メイナード＋ブラッド・ワインスタイン著、高見佐知ほか訳、新評論、2020年
この本の「おわりに」で、著者は私たち教師には２つの選択肢があるとしています。それは、問題行動を起こした生徒に「罰を与え続けることで（時間をかけずに、その場かぎりで）行為を正すか、それとも関係を築き、問題の原因を究明し、生徒の問題行動を改善するための支援に時間をかけるか」です。私は生徒指導を担当していますが、後者の「人間関係修復のアプローチ」が実践で役立つことを実感しています。

『謙虚なリーダーシップ——１人のリーダーに依存しない組織をつくる』エドガー・H・シャイン＋ピーター・A・シャイン著、野津智子訳、英治出版、2020年
シャインは「リーダーシップとは、関係性にほかならない」とし、４つのレベルに分けています。学校の現場は多忙化しており、シャインの言う単なる業務上《トランザクショナル》な関係が多く見られるからこそ、一歩踏み込んだ《パーソナライズ》関係を築いていく大切さに気づかせてくれる一冊です。リーダーシップに関しては『リーダーシップの旅——見えないものを見る』（野田智義＋金井壽宏著、2007年、光文社）もおすすめです。

『カリキュラムマネジメント——学力向上へのアクションプラン』田村知子著、日本標準、2014年
リトキーは、本書は「広い意味でのカリキュラム開発について書かれたもの」としていますが、この本ではカリキュラムマネジメントについてわかりやすく書かれています。私はこの本を読み、カリキュラムマネジメントは学校に関わる人だけでなく、地域や社会などで「育てる」ことができるものであると思うようになりました。だからこそ、学校や教員がすべてを担おうとしないで、「リアル」な社会にいる人たちと一緒に、生徒の成長を考えていくことが大切だと考えるようになりました。ブックレットなので、とても読みやすい本です。

見もありました。
http://thegiverisreborn.blogspot.com/ で『ギヴァー』と関連する本を200冊以上紹介しています。その中から一部紹介すると、
井上ひさし著『ボローニャ紀行』(文藝春秋、2008年)、『吉里吉里人』(新潮社、1981年)
阿部謹也の本
ピーター・レイノルズの絵本
ドクター・スースの絵本
レオ・レオーニの絵本
ジャン・ピアジェ著『教育の未来』秋枝茂夫訳、法政大学出版局、1982年

『ギヴァー』関連以外のものでは、次の本がおすすめです。
『こうすれば組織は変えられる!――「学習する組織」をつくる10ステップ・トレーニング』ピーター・クライン+バーナード・サンダース著、今泉敦子訳、フォレスト出版、2002年
『原初生命体としての人間』野口三千三著、三笠書房、1972年
『ルネサンスとは何であったのか』塩野七生著、新潮社、2001年
『餃子屋と高級フレンチでは、どちらが儲かるか?――読むだけで「会計センス」が身につく本!』林總著、PHP研究所、2011年
『ムハマド・ユヌス自伝(上・下)』ムハマド・ユヌス+アラン・ジョリ著、猪熊弘子訳、早川書房、2015年
『クリエイティブの授業――"君がつくるべきもの"をつくれるようになるために』オースティン・クレオン著、千葉敏生訳、実務教育出版、2012年
鶴見俊輔の本
『新訳・被抑圧者の教育学』パウロ・フレイレ著、三砂ちづる訳、亜紀書房、2011年
『楽天大学学長が教える「ビジネス頭」の磨き方――あなたの成長を加速させる10の視点』仲山進也著、サンマーク出版、2010年
『もし高校野球の女子マネージャーがドラッカーの『マネジメント』を読んだら』岩崎夏海著、ダイヤモンド社、2009年
『平均思考を捨てなさい――出る杭を伸ばす個の科学』トッド・ローズ著、小坂恵理訳、早川書房、2017年

◆杉本智昭の本棚
『マインドセット――「やればできる!」の研究』キャロル・S・ドゥエック著、今西康子訳、草思社、2016年
マインドセットの観点から、人生で成功する人とそうでない人の違いがわかりやすく書かれて、教師にはぜひ読んでほしい本です。本書には、教師の何気ない一言が生徒

のほとんどの学校は消えた方がいい状態です⁉　しかし、この本にはビジョンの立て方は書いてありませんでした。しばらく探して見つけたのが、『エンパワーメントの鍵――「組織活力」の秘密に迫る24時間ストーリー』（クリスト・ノーデン-パワーズ著、吉田新一郎ほか訳、実務教育出版、2000年）でした。


著者のデニス・リトキー氏とほぼ同じ時期に校長をしていた3人に関連する資料（残念ながら、すべて未邦訳）を紹介します。

リチャード・デュフォー（Richard DuFour）は、Professional Learning Community（プロの教師集団として学び続けるコミュニティーとしての学校）を構築する形での学校改善に取り組み（1990年代）、それが全米に広がるうねりになりました。2001年、私はシカゴ郊外にあった彼の学校を実際に訪ね、それ以降も数校のPLCを実践している学校を訪ねましたが、生徒と教師の学びを中心に据えて学校づくりを展開するというアプローチに大きな刺激を受け、この考え方を日本でも普及したいとブログ「PLC便り（https://projectbetterschool.blogspot.com/2011/10/professional-learning-community.html）」を始めたぐらいです。彼の名前で検索すると、数冊の本が見つかります。

ラリー・ローゼンストック（Larry Rosenstock）関連の動画や論文等も数多くあります。彼は、サンディエゴにあるHigh Tech Highの設立者で校長でした。極めてイノベーティブな発想でその学校およびそれに付随する修士レベルの教育大学院を学校の中に設立した人です。彼の考えから多くを学ぶことができます。

トーマス・R・フラー（Thomas R. Hoerr）の *The Art of School Leadership*（学校をリードすることはアート）（2005年）も、デニス・リトキー氏の本書とほぼ時を同じくして出版されました。フラー氏は、セントルイスにあるNew City Schoolの校長を34年間務めました。彼の他の本もおすすめです。

◆吉田の本棚　＜パート２＞
教育に関連する本は、パート１で紹介したので、こちらでは教育には直接関係ないと思われそうな本を中心に……。

『ギヴァー――記憶を注ぐ者』ロイス・ローリー著、島津やよい訳、新評論、2010年
2007年に開催された、日本のインターナショナル・スクールで教える先生たちを対象にした研修の場で、この本を知りました。誰もが、この本を知らない人は先生じゃない、という口ぶりでした。研修会から戻って調べてみると、すでに絶版になっていて、２年間に及ぶ復刊のための努力の末に何とか再刊しました。それほど価値のある本です！　当初は、出版社からではなく市民運動として出したいと思っていたのですが、それではアメリカの出版社から版権を取得できないことがわかり、出版社探しの過程では、前出版社が絶版にした本を引き受けてくれるところは少ないことなどの発

教え方・学び方の改善に役立つ本には、次のようなものもあります。
『「学びの責任」は誰にあるのか——「責任の移行モデル」で授業が変わる』ダグラス・フィッシャー＋ナンシー・フレイ著、吉田新一郎訳、新評論、2017年
『「考える力」はこうしてつける・増補版』ジェニ・ウィルソン＋レスリー・ウィング・ジャン著、吉田新一郎訳、新評論、2018年
『挫折ポイント——逆転の発想で「無関心」と「やる気ゼロ」をなくす』アダム・チェインバーリン＋スヴェタスラヴ・メイジック著、福田スティーブ利久ほか訳、新評論、2021年
『あなたの授業力はどのくらい？——デキる教師の七つの指標』ジェフ・C・マーシャル著、池田匡史ほか訳、教育開発研究所、2022年

『感情と社会性を育む学び〈SEL〉——子どもの、今と将来が変わる』マリリー・スプレンガー著、大内朋子ほか訳、新評論、2022年
人間は、感情を無視してはよく学べません。この本は、人の感情と社会性に焦点を合わせて、それが学びを促進するのにどう役立つのかを説明しています。具体的には、「教師と生徒の関係の築き方」と「共感する力」を紹介した後で、アメリカのSEL推進機関であるCASELがまとめた5つのSELの力（①自己認識を育てる、②自己管理能力を身につける、③社会認識を高める、④よい対人関係を築く、⑤責任ある意思決定をする）について具体的な活動例を紹介しています。
2022年中には、『成績だけが評価じゃない——感情と社会性を育む評価（仮題）』（スター・サックシュタイン著、中井悠加ほか訳、新評論）、『エンゲージド・ティーチング——SELを成功に導くための5つの要素（仮題）』（ローラ・ウィーヴァーほか著、内藤翠ほか訳、新評論）、『すべての学びはSEL（仮題）』（ナンシー・フレイほか著、山田洋平ほか訳、新評論）などSEL関連書の刊行が予定されています。『好奇心のパワー』（キャシー・タバナー＋カーステン・スィギンズ著、吉田新一郎訳、新評論、2017年）もおすすめです。

『遊びが学びに欠かせないわけ——自立した学び手を育てる』ピーター・グレイ著、吉田新一郎訳、築地書館、2018年
学ぶこと、教育、学校を、数十万年前の狩猟採集期から遡って、極めて広い視点から捉え直すことができると同時に、今学校でしていることが必ずしもベストではないことも気づかせてくれます。

『非営利組織の経営——原理と実践』P・F・ドラッカー著、上田惇生ほか訳、ダイヤモンド社、1991年
この本で特に衝撃を受けたのは2点です。一つは、「『あなたの夢は何ですか？』と若者（誰に対しても）に尋ねるのは失礼だ。尋ねるべきは『あなたは何をもって記憶されたいか？』だ」。もう一つは、「ビジョンのない組織は消えた方がいい」です。日本

て総括的評価の3つについてわかりやすく書かれています。

『プロジェクト学習とは――地域や世界につながる教室』スージー・ボス＋ジョン・ラーマー著、池田匡史ほか訳、新評論、2021年
今出ているプロジェクト学習関連の本では、一番網羅的かつ親切に書かれている本だと思います。これとあわせて、プロブレム学習について詳しく書かれている『PBL 学びの可能性をひらく授業づくり――日常生活の問題から確かな学力を育成する』（リンダ・トープ＋サラ・セージ著、伊藤通子ほか訳、北大路書房、2017年）を一緒に読むと、PBLの全体像が摑めるだけでなく、これからの学びの方向性を押さえられます。なお、PBLはProject-Based LearningとProblem-Based Learningの頭文字をとったもので、両方ともPBLです。
これら2つのPBLと切り離せないのが探究学習ですが、それについては、『たった一つを変えるだけ――クラスも教師も自立する「質問づくり」』（ダン・ロスステインほか著、吉田新一郎訳、新評論、2015年）、『あなたの授業が子どもと世界を変える――エンパワーメントのチカラ』（ジョン・スペンサーほか著、吉田新一郎訳、新評論、2020年）、『教科書では学べない数学的思考――「ウーン！」と「アハ！」から学ぶ』（ジョン・メイソンほか著、吉田新一郎訳、新評論、2019年）、『歴史をする――生徒をいかす教え方・学び方とその評価』（リンダ・S・レヴィスティックほか著、松澤剛ほか訳、新評論、2021年）などがありますので参考にしてください。

『学習する自由』カール・ロジャーズ＋ジェローム・フライバーグ編著、畠瀬稔ほか訳、コスモスライブラリー、2006年
ロジャーズの死後、フライバーグ氏の編集による第3版です。生徒に学ぶ自由を提供するのが教師の役割です。私が1989年に紹介したイギリスの『ワールド・スタディーズ』（サイモン・フィッシャー＋デイヴィッド・ヒックス著、国際理解教育・資料情報センター編訳、国際理解教育センター、1991年）の開発者たちがもっとも影響を受けた本の一冊に、これの初版が含まれていたことを後で知りました。両者を読むと、その関連に気づけます。

「ハック・シリーズ」の本（新評論）
新しい学校をつくるのは容易なことではありません。しかし、誰もが自分の持ち場で今していることを見直し、修正・改善することはできます。それが「ハック（修正・改善）する」ということです。これまで扱ってきたテーマは、成績、宿題、教科書、学校、子育て、生徒指導、読む文化、学校図書館、学校のリーダーシップ、質問・発問などです（上記に「をハックする」をつけると書名になります）。今後も、学校の不安、一斉授業、教師の仕事／教える情熱、見取り・子ども理解、教員研修などが予定されています。

訳者の本棚

◆吉田新一郎の本棚　＜パート１＞

『イン・ザ・ミドル――ナンシー・アトウェルの教室』ナンシー・アトウェル著、小坂敦子ほか訳、三省堂、2018年

中学校の英語教師が30年以上取り組んだ国語（読み書き）の授業を振り返って、わかりやすく紹介してくれています。それは、日本で今でも主流の読み書きの授業からスタートしたわけですが、必ずしもすべての生徒に届かないと認識（反省）し、ワークショップ形式の教え方・学び方への転換を図りました。

これの小学校版および日本での実践版が、プロジェクト・ワークショップによる『増補版・作家の時間――「書く」ことが好きになる教え方・学び方〈実践編〉』（プロジェクト・ワークショップ編、新評論、2018年）や『改訂版・読書家の時間――自立した読み手を育てる教え方・学び方＜実践編＞』（プロジェクト・ワークショップ編、新評論、2022年）です。また、両者を統合した『国語の未来は「本づくり」――子どもの主体性と社会性を大切にする授業とは？』（ピーター・ジョンストンほか著、マーク・クリスチャンソンほか訳、新評論、2021年）もおすすめです。

さらに、このアプローチは社会科（『社会科ワークショップ――自立した学び手を育てる教え方・学び方』冨田明広ほか著、新評論、2021年）や理科（『だれもが〈科学者〉になれる！――探究力を育む理科の授業』チャールズ・ピアス著、門倉正美ほか訳、新評論、2020年）や算数・数学（『数学者の時間（仮題）』伊垣尚人ほか著、新評論、2023年刊行予定）に応用されています。

『教育のプロがすすめるイノベーション――学校の学びが変わる』ジョージ・クーロス著、白鳥信義ほか訳、新評論、2019年

学校（組織）で行われる学びを変えていくためのアイディアが満載の本です。教室で行われる授業と教師が継続的に行わなければならない学び（教員研修）が「入れ子状態」になっていることにも気づかせてくれます。図や表が傑出しています！

『ようこそ、一人ひとりをいかす教室へ――「違い」を力に変える学び方・教え方』キャロル・A・トムリンソン著、山崎敬人ほか訳、北大路書房、2017年

生徒の学び方や学ぶスピード、学習履歴（もっている知識・情報・経験）、興味関心等は一人ひとり皆違います。それなのに、一斉指導で教えるということは、教室の大半の生徒がよく学べないことを約束するようなものです。「一人ひとりをいかす教え方」は、その状況を克服するために開発された方法です。同じ著者による『一人ひとりをいかす評価――学び方・教え方を問い直す』（山元隆春ほか訳、北大路書房、2018年）は、上記の本とセットになる本であるだけでなく、診断的、形成的、そし

Wood, George H. (1992). *Schools That Work: America's Most Innovative Public Education Programs*（うまくいっている学校――アメリカのもっとも革新的な公立学校教育プログラム）. New York: Plume, Penguin Books.
著書の中で論じた4つの学校に本気になりすぎて、大学の教員を辞し、校長となった人の本です。私の学校の一つを紹介してくれているので、特に好きな本であるのはもちろんですが、いい学校とはどのようなものか端的に書かれているのも素晴らしい点です。

『人生が変わる発想力――人の可能性を伸ばし自分の夢をかなえる12の方法』ロザモンド・ストーン・ザンダー＋ベンジャミン・ザンダー著、村井智之訳、パンローリング、2012年
この本が素晴らしいのは、可能性に満ちあふれているところです。なりたい自分になること、自分自身の現実を創造すること、物事を信じることについて書かれています。自分が住みたい、学びたい、教育したいと思う環境は自分でつくれると人々が信じることができるように、私はこの本を多くの機会で活用してきました。

がフットボール場を借りて皆で試合をするという同じような話を紹介しており、それが会社をよりよくするための非常に重要な戦略だと述べています。

Postman, Neil, and Charles Weingartner. (1969). *Teaching as a Subversive Activity*（教えることは破壊的な活動）. New York: Delaco.
この本を読むと、物事を違った方法で行うことの大切さを感じます。タイトルだけでも、教えることについて従来の考え方を揺り動かすものです＊。
＊……この邦訳がまだ存在しないということは、日本の教育がいかに「従順・服従・忖度」のための教育であるかを証明しているようなものです！

『水源』アイン・ランド著、藤森かよこ訳、ビジネス社、2004年
子どもの頃、私はあまり本を読んでいませんでした。この本は、そんな私が初めて途中で読むのをやめたくならなかった本として覚えています。主人公は、妥協を許さない純粋主義者の男です。彼のいる世界の常識では彼は負けてばかりですが、実は彼はその純粋さで勝っているのです。私はこの本を何度も読み返しましたが、正しいことをすること、子どもにとって最良だと信じることについては妥協しないことを、今も私に教えてくれています。

Sarason, Seymour. (1971). *The Culture of the School and the Problem of Change*（学校の文化と変革の課題）. Boston: Allyn & Bacon.
研究と学校を違った角度から見た、非常に意義深い一冊です。サラソンは偉大な思想家であり、80歳を過ぎた今も年に1冊程度のペースで本を出しています＊。それぞれ異なる内容で、どれも驚くほど深いです。彼は直接会ったときも、本の中と同じように、いつも良質で、厳しい質問を投げかけてくるので、友人となりました。
＊……シーモアは2010年1月に亡くなりました。

Sizer, Theodore. (1984). *Horace's Compromise: The Dilemma of the American High School*（ホーラスの妥協――アメリカの高等学校のジレンマ）. Boston: Houghton Mifflin
出版された当時、大きな反響を呼んだ本です。テッド＊はハーバード大学教育学部の元学部長で、この本で、多くの教師が何年も前から言っていたことが間違っていないことを研究的な方法を使って確認しました。つまり、アメリカの学校はすべき仕事をしておらず、何か違うことを試す必要があるということを確認したのです。テッドの9つの共通原則は、とてもしっくりきました＊＊。
＊……この本の著者、セオドア・サイザーのことです。
＊＊……この後に2冊出して3部作になっており、また「エセンシャル（本質的な）・スクール連盟」を創って今は10になった原則をもとにした学校づくりを全米に展開しました。10の原則は、「Coalition of Essential schools Principles」で検索すると見られます。

『庭師　ただそこにいるだけの人』ジャージ・コジンスキー著、高橋啓訳、飛鳥新社、2005 年
人生がいかにシンプルであるか、いかに自分が見たいと思うものしか見ていないか。この本には物事のシンプルさが書かれています＊。
＊……この本は「チャンス」のタイトルで映画化され、ピーター・セラーズ主演で有名です。

Kozol, Jonathan. (1991). *Savage Inequalities: Children in America's Schools*（野蛮な不平等——アメリカの学校における子どもたち）. New York: Crown Publishers.
ほとんどの場合、私の変革への情熱は怒りによるものです。この本によって、私の怒りはさらに大きくなりました。

Levine, Eliot. (2001). *One Kid at a Time: Big Lessons from a Small School*（一人ひとりを大切に——小さな学校の大きな学び）. New York: Teachers College Press.
本書を読んでいる人は、MET に関するエリオットの本を必ず読んでください。彼は2年間、私たちがどのように取り組んでいるのかについて、本当によく研究していました。この本で、彼は歯に衣着せずに、私たちの取り組みをありのままに伝えています。この本を書き上げた後、エリオットはさらに MET に関わることを望み、MET のアドバイザー（教師）になりました。

『ボイドン校長物語——アメリカン・プレップスクールの名物校長伝』ジョン・マクフィー著、藤倉皓一郎訳、ナカニシヤ出版、2014 年
マサチューセッツ州のディアフィールド・アカデミーで、1年間だけ英語を教えるつもりで仕事を受けた男の話です。その男は、66 年後に校長として退職しました。ボイドンの机は学校の廊下の真ん中にあり、彼に声をかけないと誰も学校に出入りすることができませんでした。教育に情熱を傾ける人物について書かれた素晴らしい本です。

『エクセレント・カンパニー——超優良企業の条件』T・J・ピーターズ＋R・H・ウォータマン著、大前研一訳、講談社、1983 年
トム・ピーターズとボブ・ウォータマンの「偉大な企業のための8つの原則」を初めて読んだのは、私がまだ若いスクールリーダーで、ロングアイランドからコネチカットへのフェリーに乗っていたときでした。この本に書いてある原則が、私が行っている教育活動の根幹にある原則と同じだと感じました。私のやり方は「ソフト」（厳しい／厳格の反対で、繊細／感情的）だと言われていましたが、この本を読むことで、私がしていることは企業がよりよくなるためにしていることと同じだと理解できました。例えば、ある年の短期スタッフの離任式で1時間、音楽の先生の指導のもと、教職員全員でグループ演奏をしました。管理職は、そんなことをするために私たちに給料を払うなんて信じられなかったようです。しかし、この本の中で著者は、ある会社

＊……これ以外のホルトの本も、すべておすすめです！

『脱学校の社会』イヴァン・イリッチ著、東洋＋小澤周三訳、東京創元社、1977 年
タイトルに挑戦的な考えが表れています。校舎なしでどのように学校教育が成り立つのでしょうか？　この本は、従来の教育システムについて今まで理解しているつもりでいたあらゆることを見直すようにあなたに挑戦しています。

『巨人の風貌——ユサフ・カーシュ作品集』ユサフ・カーシュ著、小山昌生訳、講談社、1985 年
この本を読んで、私は素晴らしい写真とはどのようなものなのか、見方を変えると、人々と彼らのストーリーがいかに違って見えるかを理解することができました。カーシュは主に肖像写真家ですが、この本では有名人の今まで見たことのないような姿を見ることができます。また、それぞれの写真に付随して語られるちょっとしたストーリーも大好きで、私たちがよく知っていると思っている人々について、さらに深く知ることができます。

『シューレス・ジョー』ウイリアム・パトリック・キンセラ著、永井淳訳、文藝春秋、1989 年
ある財団の理事長と、事業のための資金調達の話をしたときのことです。そのとき、彼女は私にそれ以上話をする前に、この本を読んで来るように言ったのです。実際、読み終わりたくないと思った本でした。最後のページを味わいながらじっくりと読みました。この本には、奇跡を信じること、どんなことでも可能であることが書かれています。のちに公開された映画版（「フィールド・オブ・ドリームス」）よりも小説の方がいいです。

Kohl, Herbert R. (1969). *The Open Classroom: A Practical Guide to a New Way of Teaching*（開かれた教室——新しい教え方の実践的ガイド）. New York: New York Review.
この本には今までとは違う教育のあり方が書かれていて、目から鱗でした。私が最初の学校（ショアハム－ウェイディングリバー中学校）を始めたとき、私はこの本に大きな影響を受けました。

Kohl, Herbert R. (1998). *The Discipline of Hope: Learning from a Lifetime of Teaching*（希望の学問——生涯をかけた教育から学ぶ）. New York: Simon & Schuster.
今や友人となった著者のハーバートは深い思想家であり、その考えは教育だけにとどまりません。彼は、人種、政治、経済について考え、子どもたちをサポートする、良質でわかりやすい本を書き続けています。

この本に書かれている素晴らしい言葉を読むと、私が取り組んでいることが間違っていないと思えます。私たちは皆リーダーですから、デプリーの本は本当に私たち皆のためのものなのです。もう一つの私のお気に入りは *Leadership Jazz*（リーダーシップ・ジャズ）（1992年）で、この本の中でデプリーは、リーダーシップとは単に仕事の上で発揮するものではなく、世界におけるあり方や生き方というもっと広いものであると説いています＊。

＊……訳者の吉田が『校長先生という仕事』の執筆時に参考にしたのは、デプリーの *Leading without power : finding hope in serving community*（力を使わずにリードする――コミュニティーに貢献しながら希望を見出す）でした。

『ホース・ウィスパラー（上・下）』ニコラス・エヴァンス著、村松潔訳、新潮社、1998年

一風変わった方法を使う馬の調教師を描いた本です。この本を読むと、私たちの子どもへの従来の接し方や従来とは異なる方法の可能性についていろいろ考えさせられます。この本に登場する調教師は、文字通り馬と対話し、一頭一頭の馬を本当に理解しようとすることを信条としています。彼は野生の馬を捕まえて、鞭を打つような従来のやり方を使わないで調教することができるにもかかわらず、誰もが彼のことを馬鹿にしているのです。そして、女王によって認められたことが、彼の「転機」となります。子どもたちに対してより人道的であろうとする私たちの仕事では、誰が認めてくれるのだろうかと考えさせられます。

『急に売れ始めるにはワケがある――ネットワーク理論が明らかにする口コミの法則』マルコム・グラッドウェル著、高橋啓訳、ソフトバンククリエイティブ、2007年

この本を読んで、社会の変化はどのようにして生まれるのかや、本当に小さなことが大きな変化をもたらすのだということを考えさせられました。例えば、グラッドウェルは、あるファッションデザイナーのメイン州での休暇をきっかけに、いかにしてハッシュパピー（メイン州で何年も製造され、比較的少数の人々が履いていた靴）が年間数十万人の売り上げを誇る靴の一大ブームとなったかについて語っています。教育のあり方を変える転機は何でしょうか？

『学習の戦略――子どもたちはいかに学ぶか』ジョン・ホルト著、吉柳克彦訳、一光社、1987年

この本は、1960年代後半に、私にとって非常に大切な本でした。ホルトは、一人ひとりの子どもを大切にして教育することを信条としており、従来の教育について辛辣な批判をしている一人でした。自分がどれだけホルトに賛同しているかがわからないうちに、彼の本を読んだことはとても重要なことでした。彼の仕事と、それから40年近く経って私が本書で書いていることは、似ているところがたくさんあります＊。

れることは難しいということを私に教えてくれて、リーダーとなった私を支えてくれました。そのおかげで、私はより強く、より大胆になることができました。

『人間の選択——自伝的覚え書き』ノーマン・カズンズ著、松田銑訳、角川書店、1985年
「サタデー・レビュー」の編集者として働いている間に出会った多くの有名人との体験を通して語られる、カズンズの自伝です。人と人とのつながりの大切さの伝え方がよくわかるので、私はこの本が大好きです。

『フロー体験喜びの現象学』ミハイ・チクセントミハイ著、今村浩明訳、世界思想社、1996年
METで子どもたちに促していること、つまり「フロー」についての本です。フローというのはゾーンに入るということであり、あなたが今取り組んでいることに関してフローになれば、素晴らしい日を過ごすことができるのです。フローが子どもたちを学びに引き込むのです。

Csikszentmihalyi, Mihaly, and Barbara Schneider.（2000）. *Becoming Adult: How Teenagers Prepare for the World of Work*（大人になるということ——10代の若者はどうやって仕事の世界への準備をするか）. New York: Basic Books.
この本は素晴らしい研究者によるもので、私たちがMETやビッグ・ピクチャー・スクールで行っている取り組みの背景にはその研究結果があります。広さとは対照的な深さについての考えと、何かを深く学ぶと物事をよりよく考えることができるようになることには関連性があります。

Cullum, Albert.（1971）. *The Geranium on the Window Sill Just Died, but Teacher You Went Right On*（窓辺のゼラニウムは枯れたのに、先生は変わらない）. New York: Harlin Quist, Inc.
この短い絵と詩の本には、私が読んだ学術的な本の大半よりも、教えることの本当の意味について的を射たことが書かれています。もっともシンプルな方法で、子ども、教師、そして教育制度全体にとって何が真実なのかを示しています＊。
＊……https://www.youtube.com/watch?v=crxRltCeMz8で、絵本の読み聞かせの動画を見ることができます。

『響き合うリーダーシップ』マックス・デプリー著、依田卓巳訳、海と月社、2009年
私のお気に入りの一冊です。かつて、父親の会社を継ぐことになった、字を習ったことのない男の家庭教師をしたとき、この本で字を教えたことがあります。それを機に、この本の著者であるマックス・デプリーと彼のリーダーシップ論に魅了されました。

Ayers, William, Michael Klonsky, and Gabrielle Lyon (Eds.). (2000). *A Simple Justice: The Challenge of Small Schools*（シンプルな正義――小さな学校の挑戦）. New York: Teachers College Press
社会正義のレンズを通して教育を見た本です。社会正義のために長い間闘っている多くの人たちによる、良質の短編がたくさん収められています＊。
＊……訳者の吉田は、エアーズの *To Teach: The Journey of a Teacher*（教えるということ――ある一人の教師の旅）を特におすすめします。

『ズーム』イシュトバン・バンニャイ著、ブッキング、2005 年
この本を何と呼んだらいいのかさえわかりません。絵本ですが、小さい絵と大きい絵、物の見方によって見え方が変わるということを考えることができます。どのページも、元の絵からどんどんズームアウトしていくので、「おおっ！」と思いながら、全体像の理解に近づいていきます。（教室で、あるいは自分の子どもと一緒に）「間近で」取り組んでいる一方で、経済や社会正義など、より大きな問題を扱っていることを思い出させてくれます。あなたの仕事は、あなたが考えているよりもずっと広い範囲に及んでいるのです＊。
＊……これの続編の『リズーム』と『アザー・サイド』（共にイシュトバン・バンニャイ著、ブッキング）もおすすめです。

Barth, Roland S. (1990). *Improving Schools from Within: Teachers, Parents, and Principals Can Make the Difference*（学校を内部から改善する――教師、保護者、そして校長は学校を変えることができる）. San Francisco: Jossey-Bass.
学校をどのように変えることができるかについて非常にわかりやすい言葉で書かれている、素晴らしい本です。バースは素晴らしい本を書き続けています＊。
＊……訳者の吉田が『校長先生という仕事』を書いたときに、もっとも参考にした本の一冊でした。

『モラル・インテリジェンス――子どものこころの育て方』ロバート・コールズ著、常田景子訳、朝日新聞社、1998 年
コールズの子どもたちの見方や語り方は、常に洗練されているだけでなく、シンプルです。そして、コールズが子どもたちを尊重している様子が伝わってきます。この本で彼は、私たちが子どもとは何者なのかについて焦点を合わせて考える手助けをしてくれます。

『人間みな同胞――ランバレネのシュヴァイツァー博士』ノーマン・カズンズ著、鮎川信夫訳、荒地出版社、1961 年
アルベルト・シュヴァイツァーは、アフリカに病院を設立し、世界を変えることに尽力したにもかかわらず、さまざまな批判を浴びました。この本は、すべての人に好か

デニスの本棚

私は読むことが好きです。教育書、雑誌、小説、経営書、回顧録、新聞、何でも読みます。私が読むのは、あらゆることを知りたいからです。過去に起こったことや現在起こっていることを、すべて知りたいのです。そうすれば、すでになされたことをもう一度つくり直そうとして、時間を無駄にすることはありません。

私が働きだした当初は、自分が信じることを裏付けるような本を読むことに特に興味がありました。「自分の考え」を他の著者の声（多くの場合、自分とはまったく異なる声です）で聞くのが好きでしたし、その考えを裏付ける、根拠の確かな研究を目にするのが好きでした。今、私が読みたいのは、自分に挑戦し、教師の仕事とそれ以外の世の中で起こっているあらゆることのつながりを見出すことができる本です。例えば、経営の本はおもしろくて、リーダーとして仕事をするための力をもらうことができます。人生のストーリーや社会問題の本はとても魅力的です。社会の変化と私たちが学校で行っていることがどのように関係しているのかを考えるのに役立つからです。また、名言の本も好きです。自分がしていることをさまざまな角度から簡単に見ることができますし、教育の枠組みから離れることもできるからです。

本文中で紹介した本や、さらにこのリストにある本もぜひ読んでみてください。あなたが信じていることが間違っていないということをより明確にしてくれるものだけでなく、あなたの考えに挑むようなものも読んでください。子どもがこう読んでくれたらいいと思うようなやり方で読んでください。つまり、考えを比べ、つながりを見つけ、意味を見出し、考えやストーリーを自分たちの生活と関連づけ、考え形づくるために読んでください＊。そして、さらに読むのです。

＊……このような読み方について詳しくは『「読む力」はこうしてつける　増補版』（吉田新一郎著、新評論、2017 年）を参照してください。

『モリー先生との火曜日』ミッチ・アルボム著、別宮貞徳訳、日本放送出版協会、2004 年

ある男の人生に対する姿勢を描いた本です。この本を読んで、学校にとって本当に大切なものは何か、子どもが学ぶために本当に大切なものは何か、そして子どもは誰からそれを学ぶべきなのか、ということを考えました。

『市民運動の組織論』ソール・アリンスキー著、長沼秀世訳、未来社、1972 年

世の中に変化をもたらす方法を思い出させてくれる本です。アリンスキーのおかげで、保護者や教師、子どもたちをまとめることなど、組織づくりについて考えることができました。教育現場では、私たちは皆コミュニティーのまとめ役なのです。

著者紹介

デニス・リトキー（Dennis Littky）

The Met School の共同創設者であり､共同理事。50 年間にわたり中等教育に携わり、その業績は全米に知られている。2000 年から 2010 年にかけてビル＆メリンダゲイツ財団より 2000 万ドルの寄付を受け、アメリカ国内外に新たな The Met School を創設。現在、その数は国内に 52 校、オーストラリアに 40 校、オランダに 21 校など海外にまで広がっている。

25 歳で博士号をとったのち、27 歳から 6 年間ニューヨーク郊外にある Shoreham-Wading River 中学校の校長を務める（この学校は極めてイノベーティブな実践で今でも有名)。その後、1981〜1993 年は、ニューハンプシャー州の小さな町である Winchester の Thayer 高校の校長を務める（このときの経験は映画化され、「Video Gallery Town Torn Apart」で検索すると動画で見られる)。The Met School はこれまで長年にわたって取り組んできた「一人ひとりの生徒を大切にする」学校づくりの総決算である。

訳者紹介

杉本智昭（すぎもと　ともあき）

大阪府出身。兵庫県の私立中高一貫校の英語科教諭。中高の生徒指導を担当している。生徒の発達を踏まえた、一人ひとりを大切にする生徒指導を模索しており、現在は大阪教育大学大学院連合教職実践研究科で援助ニーズについて学んでいる。MET のような学校づくりに興味がある方は bplearning.japan@gmail.com までぜひご連絡ください。

谷田美尾（たにだ　みお）

広島県出身。公立高校の外国語科（英語）教諭。

言語学を学び、ことばを通じて「わかる」とはどういうことかに興味をもち続けている。現在、生徒全員をフルネームで呼ぶことができ、一人ひとりの生徒が好きなことを知っていると言えるくらいの小さな高校に勤務しており、一人ひとりを大切にする小さな学校のもつ温かさと可能性を実感している。

吉田新一郎（よしだ　しんいちろう）

本書の中心的な取り組みのエキシビション、インターンシップ、アドバイザリー、保護者の子どもの学びへの参加などは、バラバラにして『シンプルな方法で学校は変わる』(みくに出版）ですでに紹介しましたが、今回「一人ひとりの生徒を大切にする」学校づくりの全体像が見える形でお届けできるのがとてもうれしいです。その大切さを日本の読者に伝えたいと思ってくれた共訳者二人に感謝です。「PLC 便り」「WW/RW 便り」「ギヴァーの会」という 3 つのブログを通して「一人ひとりの生徒を大切にする学び方・教え方（＋生き方？)」の情報を発信中。問い合わせは、pro.workshop@gmail.com にお願いします。

一人ひとりを大切にする学校

生徒・教師・保護者・地域がつくる学びの場

2022年8月18日　初版発行

著者　デニス・リトキー
訳者　杉本智昭+谷田美尾+吉田新一郎
発行者　土井二郎
発行所　築地書館株式会社
東京都中央区築地7-4-4-201　〒104-0045
TEL 03-3542-3731　FAX 03-3541-5799
http://www.tsukiji-shokan.co.jp/
振替 00110-5-19057
印刷・製本　シナノ印刷株式会社
装丁　三好誠（ジャンボスペシャル）

ISBN 978-4-8067-1639-6